小論文これだけ!

医療・看護編

樋口裕一

東洋経済新報社

はじめに――医療・看護系の専門知識をいちばんやさしく解説

理系の人の中には、小学生のころからずっと文章を書くのを苦手に思ってきた人が多いようです。医療・看護系も理系ですから、志望者の中には、志望校の入試に小論文があるのを知って愕然とし、なぜなのか疑問に思っている人も多いかもしれません。

しかし、じつは医療・看護系の学部・学科こそ、受験生に小論文を書く力を求めます。医療・看護の仕事は、人の命を大事にし、弱い者に愛情を抱き、冷静でいられ、常に科学的にものを考える力のある人にしかできません。そうした力があるかどうかを見るには、学力テストだけでは不十分です。小論文を課すことによって、その人の考え方や人柄、思索力が、医療・看護系の仕事をするのにふさわしいかどうかを見ることができるのです。

しかし、だからといって、心配する必要はありません。

たとえ小学校・中学校のころに「作文」が苦手だったとしても、「小論文」は「作文」とは違います。「小論文」とは何かを知ってきちんと練習すれば、すぐに書けるようになります。私の経験では、「作文」を書くのが好きで、子どものころから文章を書いていたような文系の人に限って、いつまでも論理的な小論文を書けない人が多いものです。

そこで、作文が苦手な理系の受験生が、たった1冊読むだけで、医療・看護系の小論文に必要な力を養うことのできる参考書として編んだのが、本書です。

本書は2つの部分に分かれています。

第1部「書き方」編では、医療・看護系の小論文にはどのような特徴があるかを示し、具体的にどのように小論文を完成させればいいのかを、できるだけわかりやすく解説しています。この部分をしっかり読んで、繰り返し練習すれば、ある程度の小論文を書けるようになるはずです。

しかし、小論文を書くには、知識が必要です。とくに医療・看護系の小論文では、しばしば医療や科学の問題が出題されます。そうしたことについての知識があってこそ、合格レベルの小論文を書くことができます。

そこで、第2部「書くネタ」編では、医療・看護系の小論文に必要な知識を解説しています。医療問題についてはこれだけ知っていれば、どんな問題でも合格レベルの文章が書けるはずです。繰り返し読んで知識を増やし、現在の問題点をしっかり理解してください。

多くの人が、本書によって医療・看護系の入試に合格し、将来、優れた医療人になることを願っています。

もくじ

第2部

「書くネタ」編

医療・看護ネタをもっと身につける

協力　大原理志
　　　大場秀浩
DTP　アイランドコレクション
装丁　テンフォーティ／豊島昭市

第1部

「書き方」編

医療・看護系のポイントはこれだけ！

1 医療・看護系小論文のキホンのキ

Q1 医療系の学部を志望しています。私が志望している大学の入試科目に小論文があることを知りました。医療系の小論文試験には特徴があるのでしょうか?

小論文であるからには、医療系の小論文も、ほかの学部や学科で求められる小論文と同じと考えていいでしょう。論理的に思考し、しっかりした社会常識を備え、専門的なことについての基礎知識をもって的確に判断し、それをわかりやすい文章で他者に伝えることができるかどうかを見るための試験です。

しかし、医療系の学部・学科特有の傾向もあります。

医療に携わる人間に必要なのは、学力だけではありません。もちろん、高い知性は必要ですが、それ以上に、人間の命を尊重し、自然を大事にし、病人にしっかりと優しく対応していく考え方と心が大事です。そのような考え方と心をもった人が、医療系の勉強をして、そのような仕事につく資格があるのです。

ですから、**医療系の大学入試の小論文科目は、医療関係の仕事に従事できるだけの知性と人間性と社会性を備えているかを判断するためのもの**と考えていいでしょう。その点が、ほかの学部・学科の小論文試験と異なります。

たとえば文学部の小論文試験だったら、「命を大事にするよりも、華々しく死ぬほうがいい」などと書く文章も、状況によっては高く評価されることがあるかもしれません。

しかし、医療系では、そのような文章が評価されることはまずありません。

そのような人が、熱心に病人をいたわり、病気を治すことに献身的になれるとは考えられないからです。逆にいえば、医療・看護系の小論文で高得点をとるには、医療にふさわしい人間であることをアピールする必要があります。

ほかの学部の場合、ある問題についてイエスで答えようとノーで答えようと、どちらでもいいことがほとんどです。ところが、医療系の問題では、イエスで答えるわけにはいかない、ノーで答えたら医療不適格者とみなされるなどといったことがあります。どのような答えが医療関係の仕事をするのにふさわしいかを、しっかりと見極める必要があります。

Q2 私はこれまで作文は書いたことがありますが、小論文を書いたことがありません。小論文と作文は違うものなのですか？

小論文と作文は、まったく違うものと考えてください。

作文というのは、自分が「体験」したことや「感想」を書いて、読む人にも同じような気持ちにさせたり、そのときの様子をありありと見えるよう感じさせようとする文章です。それに対して、小論文というのは、社会で起こっている出来事などについて「意見」を書いて、それが正しいことをしっかりと説明する文章です。

いま世の中では、環境破壊、グローバル化、格差拡大、敬語の乱れなど、さまざまなことが起こっています。また、政治の世界に芸能人がたくさん参加するようになっています。電車の中でお化粧をする人も増えています。

そのようなことは、よいことなのか悪いことなのか、なぜそんなことが起こっているのか、それを改善するにはどうすればいいのか、といった**「意見」を書くのが小論文**です。

作文と小論文のそれぞれの例を示しましょう。

次の文章は、「治療を目的としてゲノムに手を加えることについてあなたの考えを600字以内で述べなさい」（広島大学歯学部、2009年）という課題に対して書かれた作文と小論文の例です。作文と小論文の違いがわかると思います。

作文の例

日本でも何十万人の患者がいると言われているアルツハイマー型認知症も、ゲノムに手を加えることで治療することができるという話を聞いて、驚いたことがある。ゲノムに手を加えることで、遺伝子そのものを修正して、もとから身体を変えることができるというのである。

そんなことが許されていいのだろうかと思うと同時に、それほどまでに進歩した医療のあり方にも驚いてしまう。技術の進歩とは、本当にすごいものだ。こうして、人間の身体までも変えることができるようになったのである。このまま技術が進歩していくと、いったいどこまで人間は自分の宿命を変えることができるのだろうかと、空恐ろしくなるほどだ。

書き方

作文の例

もし、私にアルツハイマーになりそうなゲノムが見つかったら、そこに手を加えて病気を予防してもらうだろう。ゲノムに手を加えることの危険に気づいていたとしても、それによって自分が健康になれるとすると、自制できないだろう。人間とは、そんなものなのだ。

こうしてだんだんと技術は進歩していくのである。

小論文の例

現代の医療においては、治療を目的としてゲノムに手を加えることができるが、そのような治療にできるだけ早く着手するべきだろうか。

確かに、治療によって重病を治せるのであれば、積極的に研究を進めるべきである。そうすることによって、医学は発展し、これまで治せなかった病気も治せるようになるだろう。しかし、だからといって、安易にゲノムに手を加えるべきではない。慎重に研究を進めるべきだと考える。

その最大の理由は、ゲノムが人体にどのような影響を与えるのか、まだすべてが解明されているわけではないということである。ゲノムに手を加えると、その人だけでなく、その子孫にまで影響を及ぼすこともあるかもしれない。また、治療のためであったとしても、それが原因で別の病気が生じる恐れもある。遺伝子をいじると、取り返しのつかない変化を人体や自然環境全体に及ぼしかねないのである。そのような治療は慎重でなければならない。

以上述べたとおり、治療のためとはいえ、安易にゲノムに手を加えるべきではないと私は考える。


小論文と作文の違いはこれまで説明したとおりですが、試験科目としての「小論文」や「論作文」と呼ばれるものには、学校によって違いがありますので、注意してください。「小論文」という受験科目になっていても、「私の将来」などの作文が求められることもあります。短大などに、そのような傾向が強いようです。

前もって過去問を調べて、小論文と作文のどちらが出題されているのかを確認しておく必要があります。なお、本書では、本来の意味での小論文を中心に解説しますが、作文にあたるものも取り上げます。

Q3 小論文と作文の違いはなんとなくわかりました。しかし、まだ自分が書けるようになる気がしません。もう少しはっきりとした小論文と作文の違いはないのですか？

「小論文」というのは、字に示されるとおり、「小さな・論じる・文章」のことです。「論じる」または「論ずる」を辞書で引くと、「物事の是非をただす」という意味が出てきます。これを誰にでもわかるように言い換えると、「イエスかノーかをはっきりさせる」ということです。つまり、論文というのは、「イエス・ノーをはっきりさせる」文章のことです。「小さな」というのは、「ひとつの」と考えていいでしょう。

つまり、**小論文は、「ひとつの・イエスかノーかをはっきりさせる・文章」**なのです。

たとえば、「ゲノムに手を加えることについて」という題が出されるとします。自分の主観的な感想や空想、自分の体験などを書くと作文になります。「治療のためにゲノムに手を加えてよいのか」「ゲノムに手を加えるような治療をもっと積極的に進めるべきか」などについて考え、その理由を示すのが小論文です。

実際の小論文試験では、課題文がついて、それについて論じることもありますが、同じことです。課題文はほとんどの場合、何かを主張したり指摘したりしていますので、その主張が正しいか、それが指摘していることはよいことなのかを考えればよいのです。

逆にいえば、イエス・ノーを問う形にして、それに理由を示せば、小論文になるのです。こう考えれば、小論文とは何かが、わかりやすくなるのではないでしょうか。

Q4 小論文を書くための何か特別のコツはありますか?

小論文を上手に書くコツがあります。**最も大事なコツは「型」を守ることです。**

小論文とは、論理的に書くものです。「論理的に書く」と言われても、わかりにくいかもしれませんが、「論理の手順に従って書く」と考えればわかりやすいでしょう。

そして、「手順に従って書く」ために、最も近道なのは、「型」を守ることなのです。**「型」を守って書けば、自動的に論理的な文章になります。**

課題によっては、「型」どおりに書きにくいこともありますが、「型」を守ることが、論理的に書くことの基礎ですので、まずはこれを書けるようにマスターしてください。
私が「小論文の型」と呼んでいるのは、以下のような四部構成の書き方のことです。

第一部　問題提起

設問の問題点を整理して、これから述べようとする内容に主題を導いていく部分。全体の10パーセント前後です。

「インフォームド・コンセントについて」というような課題の場合、ここで「インフォームド・コンセントをもっと定着させるべきか」などのイエス・ノーを尋ねる問題に転換します。課題文のある問題の場合には、ここで課題文のメインテーマを説明して、「課題文の筆者は……と主張しているが、それは正しいか」などの形にします。

第二部　意見提示

イエス・ノーのどちらの立場をとるかをはっきりさせて、事柄の状況を正しく把握します。全体の30〜40パーセント前後が普通です。

「確かに……。しかし……」という書き出しで始めると書きやすいでしょう。

たとえば、課題文にノーで答える場合、「確かに、課題文の言い分もわかる。たとえば、こんなことがある。しかし、私は、それには反対だ」というパターンにします。そうすることで、視野の広さをアピールすると同時に、字数稼ぎができます。

とりわけ、「ガン告知」などの微妙な問題を扱う場合には、反対意見を考えたうえで、慎重にしっかりと自分の意見を示している態度をアピールします。

第三部　展開

ここが小論文のクライマックス。全体の40～50パーセントほどを占めます。

第二部（意見提示）で書いたことをもっと掘り下げて、背景、原因、歴史的経過、結果、背後にある思想などを深く掘り下げて書くのが、最も望ましいです。

第四部　結論

もう一度全体を整理し、イエスかノーかをはっきり述べる部分。

努力目標や余韻をもたせるような締めの文などは不要。イエスかノーか、もう一度、的確にまとめるだけで十分です。全体の10パーセント以下とします。

これが樋口式・四部構成

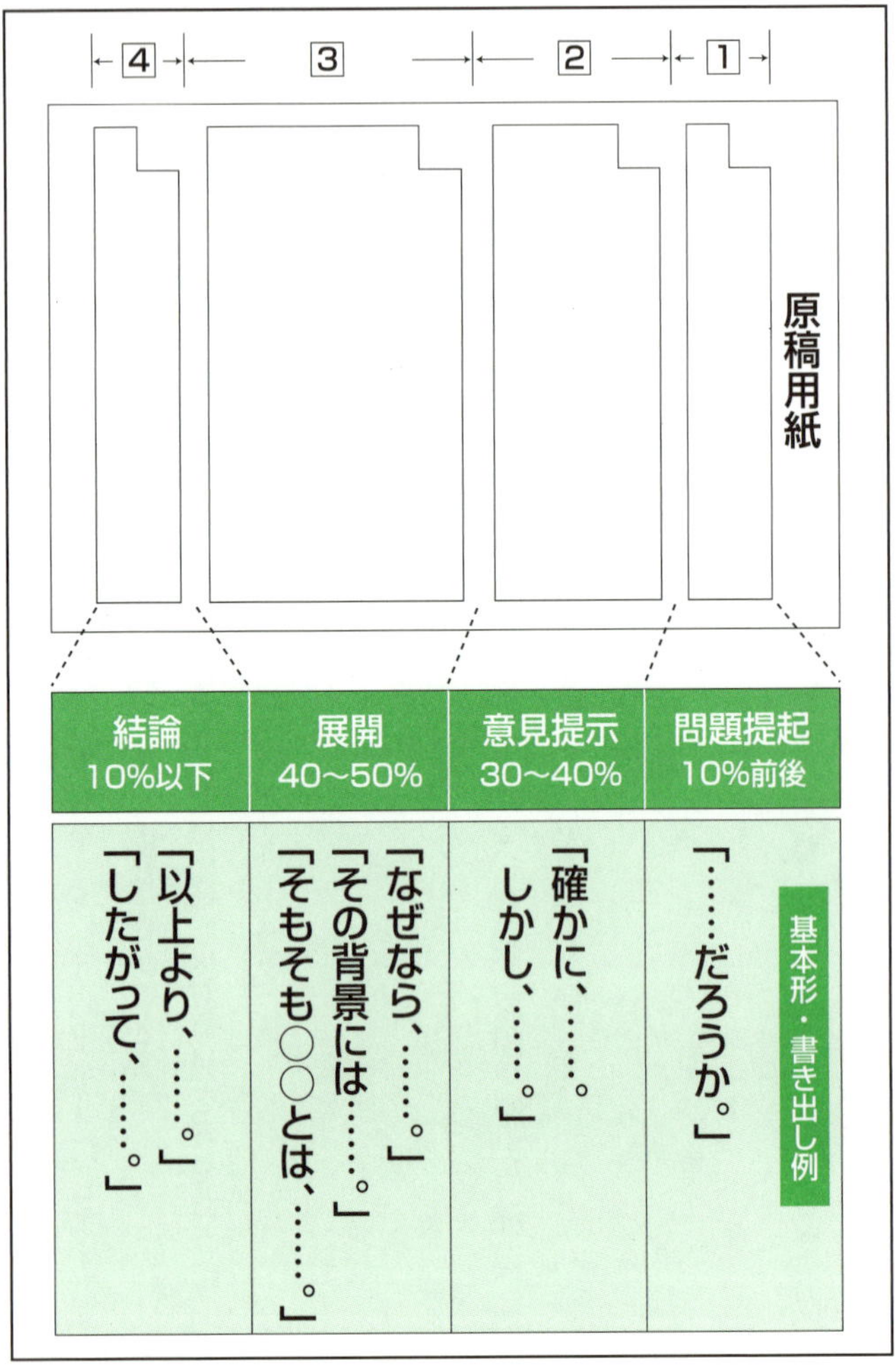

1
2
3
4
原稿用紙
問題提起 10%前後
意見提示 30〜40%
展開 40〜50%
結論 10%以下
基本形・書き出し例
「……だろうか。」
「確かに、……。しかし、……。」
「なぜなら、……。」
「その背景には……。」
「そもそも○○とは、……。」
「以上より、……。」
「したがって、……。」

先ほど小論文の例としてあげた文章を読み直してみてください。「型」どおりに書かれていることが確認できるはずです。

Q5 小論文にはどんな問題が出るのですか？ それに対して、どのような準備をすればいいのですか？

医療系の学部・学科の小論文問題は、次のようなタイプに分けることができます。

①医療問題

「臓器移植」「脳死」「延命治療」「バイオエシックス」「病院のあり方」「遺伝子医療」などに関する医療の倫理や医学の抱える問題が出題され、その判断が求められます。

医療に関する知識と関心があるかどうかを見るための問題といえます。

これらの問題についてしっかりとした知識を示して、小論文を書く必要があります。それができないと、知識がなく、医療についての関心がないとみなされてしまいます。

これについては、本書をしっかりと読んで、必要な知識を仕入れておくことで、対策できます。

②科学・環境・生命・死についての問題

科学の意味や問題点、地球環境の状況、あるいは生命の意味、高齢化社会の問題点、介護のあり方などを問う問題がしばしば出題されます。

医療そのものではないにしても、医療の基本にある問題と言えます。課題文が英文である場合も少なくありません。

これについても、本書をしっかり読むことで、必要な知識を補うことができるはずです。

また、この種の問題については、生命を大事にし、高齢者や弱者の権利をしっかりと考える態度を示す必要があります。また、言うまでもありませんが、英文の文章を読みこなすためには、しっかりと英語の勉強をする必要があります。

③一般的問題

文学部や法学部と間違うような一般的な人文的問題、社会問題が出題されることもあります。現代社会の問題点、国際問題など、さまざまな出題がなされます。

この種の問題が求めているのは、幅広い教養と社会に対する常識です。常識のない、ただ勉強してきただけの受験生を不合格にするために、この種の小論文を出題しています。とはいえ、それほど難しい問題が出るわけではありません。本書の姉妹編『小論文これだけ！』『小論文これだけ！　超基礎編』を読むだけで、十分に対応できます。

なお、この種の問題についても、弱者の立場に立って判断することが求められます。

④論述式問題

「小論文」というのは名ばかりで、「なぜ水素結合が存在すると沸点が高くなるのかを説明しなさい」というような生物や物理、化学、数学の論述問題が出題されることもあります。

この種の問題は、課題文が英語である場合もあります。これは、小論文というよりは理科や数学の問題ですので、その学習をしっかりしておく必要があります。

⑤志望理由

小論文というよりも「作文」、しかも「志望理由書」と呼ぶべきものが、小論文として出題されることがあります。「大学に入ってしたいこと」「医療を仕事にしたい理由」などの課題のこともあります。これについても、前もってしっかりと書いておく必要があります。

また、出題形式には、次のようなものがあります。形式によって書き方が異なりますので、それぞれの対応を学んでおきましょう。

●タイトルだけが与えられるもの

例：「延命治療」「環境破壊」「グローバル化」など

●課題文のつく問題

文章を読んで、それについて論じる問題です。文章をしっかりと読み取ったうえで論じることが求められます。

◉グラフや表のつく問題

グラフや表が与えられ、それについて論じる問題です。グラフや表のほかに、文章が含まれることもあります。グラフや表を読みとく力、そこに示されている社会状況を理解する力を見ようとしています。

◉多数の設問のつく問題

問1、問2など、いくつかの設問があって、要約問題や説明問題などがつく問題です。最後の設問が、小論文形式の意見を問う問題であることが多いようです。読解力や知識、論理的に説明する力を見る問題です。

◉論述問題

制限字数は200字程度で、用語の説明などが求められる問題です。

例:「インフォームド・コンセントとは何か」「DNAの役割について説明しなさい」

Q6 どんな答案によい点がつくのですか？　どのように採点されているのでしょうか？

まずは、しっかりした字で原稿用紙の書き方を守り、誤字や脱字もなく、小論文にふさわしい文章語を用いて論理的にきちんとした文章を書けているかが重視されます。誤字だらけで原稿用紙の使い方も間違いだらけ、会話するような言葉を用いていては、まったく評価されません。

第二に、内容的にも、課題を理解していなかったり、社会的な視野をもたずに背景などを考えないまま断定していたりすると、低い点しか与えられません。**問題点を理解して、論理的に自分の考えを示している文章が高く評価**されます。

ただし、小論文は客観テストではありませんので、読む人の考え方によって点数に差がつくことがあります。そのため、多くの学校で、客観的に評価できる人が採点者になり、しかも複数の教員が小論文を採点して、もし教員間で点数のばらつきが出たら、話し合いをするようなシステムができています。

Q7

小論文は難しそうですが、これから短期間で書けるようになるでしょうか？

「作文よりも小論文のほうが難しい」と思われがちですが、そんなことはありません。

上手な作文を書くには、ボキャブラリーが豊かで、上手に話を盛り上げるテクニックがなければなりません。上手に書くには、かなりの練習とこれまでの読書量が必要になるでしょう。

しかし、小論文は、そんなことはありません。誰でもすぐに書き方をマスターすることができます。問われていることについての知識が必要ですが、それさえあれば、**ちょっとした訓練で誰でも小論文は書けるようになる**のです。

まずは本書の第1部「書き方」編を読んで、小論文の書き方をマスターしてください。先ほど説明した「型」を何度か練習すれば身につきます。

あとは、知識を増やすことです。

そのためには、本書の第2部「書くネタ」編を読んで、大まかな知識をつけてください。

これを読めば、現在、世の中でどんなことが問題になっているのか、志望している学部・学科で、どんな知識が求められているのかわかるはずです。

そして、できれば本書を読んだあとも、新聞を毎日読むことをすすめます。

必ず読んでほしいのは、新聞の投書欄です。

読者の意見を短くまとめており、この部分を読んだだけで、世の中でどんなことが起こっているかがわかります。さまざまな考えもわかります。また、投書の中には「小論文」の手本になるものもあります。しかも、文章の読み取りの練習にもなります。

投書欄のほかには、自分の志望学科と関係のある医療や看護、福祉関係などの記事を読む癖をつけるといいでしょう。なかには難しい記事もあるかもしれませんが、できるだけ楽しく読むようにしてください。それを続けるうちに、社会的な考えが身について、高度な小論文が書けるようになります。

ただし、小論文の場合、なかなか自分で欠点がわかりません。ですから、信頼できる人に添削指導を受けることが大切です。そうすることで、自分の欠点を理解し、論の深め方なども理解できるでしょう。

2　小論文の8つの大原則――実際に書く前に

小論文は、手紙や作文と異なり、書き方のルールがあります。まず、小論文らしい文章の書き方について説明しましょう。

ひとことで言えば、**小論文は文章体で書くのが原則**です。流行語を使ったり、方言を使ったり、俗語を使ったりするべきではありません。文章に書くときの言葉を使います。いちばん手本になるのは、新聞の文体です。新聞は、文章体で書かれています。段落の変え方、句読点の打ち方、送り仮名のつけ方なども、新聞にならうといいでしょう。

◉大原則1　小論文は「だ・である」調にする

「だ・である」調（常体）で書くのが原則です。「です・ます」調（敬体）は友人や先生など、はっきり知っている人に向かって語るときの書き方で、小論文には使いません。

◉大原則2　一文を短く

難しい言葉を使うのではなく、わかりやすい言葉で書くのが原則です。そのためには、一文を短くすることが大事です。一文が長いと、わかりにくくなってしまいます。一文を60字以内にして、主語・述語を意識しながら書くように心がけましょう。

◉大原則3　話し言葉で書かない

話し言葉を使ってはいけません。とくに流行語・略語・俗語などは避ける必要があります。はじめのうちは意識して書いていても、ついついそのような言葉を使ってしまうことがありますから、注意しましょう。

◉大原則4　自分のことは「私」と呼ぶ

自分のことは、男女を問わず、「私」と呼ぶのが原則です。「僕」「おれ」を使うべきではありません。また、「自分」という主語も用いるべきではありません。

間違いやすい表現

「病院**とかで**ケータイ**なんか使ってる**人」

⬇

「病院**で**携帯電話**などを使っている**人」

「病院では携帯電話が禁止されている。**けど**、使う人がいる。」

⬇

「病院では携帯電話が禁止されている。**だが**、使う人がいる。」（**しかし**、**ところが**、なども）

「携帯電話は精密機器に影響を及ぼす恐れがある。**なので**、病院では、携帯電話の使用が禁じられている。」

⬇

「携帯電話は精密機器に影響を及ぼす恐れがある。**それゆえ**、病院では、携帯電話の使用が禁じられている。」（**ゆえに**、**だから**なども）

「病院内では携帯電話を**かけないべきだ**。」

⬇

「病院内では携帯電話を**かけるべきではない**。」（「ないべき」とは、普通言わない）

書き方

◉大原則5　弁解しない

「私にはこんな難しいことはわからないが」「これまで、このようなことは一度も考えたことがないが」というような弁解を書いてはいけません。また、「何が言いたいかわからなくなってしまったが」「まとまりのない文章になってしまったが」なども書くべきではありません。自分の意見に自信がなくても、はっきりと意見を書くのがルールです。

◉大原則6　会話は使わない

作文は会話文を使っていきいきと書いてよいのですが、小論文はしっかりとまとめて書く文章なので、会話を原則として使いません。有名人の言葉などを引用するような場合も、小説などのように行替えする必要はありません。

◉大原則7　原稿用紙の正しい使い方を守る

原稿用紙にも書き方の決まりがあります。あまり知られていない決まりもありますので、注意が必要です。

原稿用紙の使い方

①必ず楷書（学校で習った文字）で書く。くずし字や略字を書いてはいけない。

②書き出しと段落のはじめは、必ずひとマスあける。

③ひとマスに原則として1字を埋める。句読点（マル・テン）やカッコなどもひとマス分をとる。

④行の最初に句読点や閉じカッコをつけない。これらが行の最初に来るときは、前の行のマス目の下（マスの中）に加える。この規則を知らない人が多いので、とくに注意。

⑤数字は縦書きのときは、漢数字を使うのが原則。横書きの場合も普通は漢数字を用いるが、数量をいうときには算用数字でいい。また、横書きの場合、数字とアルファベットは、ひとマスに2字入れるのが普通。

◉大原則8　制限字数を絶対に守る

　制限字数は絶対に守らなくてはいけません。「○○字以内」とあれば、必ず字数以内に書きます。

　できれば、制限字数の90パーセント以上、つまり、「800字以内」のときには、720字以上を書くべきですが、80パーセントを越していれば、点数はつくでしょう。半分以下しか書いていない場合、0点にされることがほとんどです。

　また、「○○字以内」とされているのに、その字数を越した場合は、たとえ1字だけであっても、0点にされます。「○○字程度」という場合には、プラス・マイナス10パーセントが望ましいですが、20パーセント程度は許されます。

　もちろん「○○字」という場合、特殊な場合を除いて、句読点やカッコ、あるいは段落替えによって生じた空白も字数に加えます。

3 課題文のつかない問題の書き方

課題文のつかない基本的な問題は、実際には入試問題には、それほど出題されません。しかし、基本的な問題をマスターしてこそ、実践的な問題も書けるようになります。

例題

現在、インフォームド・コンセントの原則が日本の病院でも取り入れられています。このような状況について、あなたはどう考えますか。（600字程度で意見をまとめなさい）

STEP1　時間配分する

小論文を書く場合、前もって時間配分をしておく必要があります。

試験時間が60分で、600字程度の小論文を書く場合には、はじめの20分でメモをとり、30分で清書、残りの10分で見直しをするのが理想です。

試験時間が90分で、800字程度の小論文を書く場合は、はじめの30分でメモをとり、40分で清書、残りの20分で見直しをします。これらを参考にして、自分なりの時間配分をつくっておきましょう。

なお、実際の試験では、下書きをする余裕はありませんので、**ふだんから下書きをしないで書く練習をしておく**必要があります。

STEP2　アイデアメモをとる

問題を見てすぐに書きはじめると、浅い意見になってしまったり、途中で何を書いているかわからなくなったりします。きちんとメモをとってから書きはじめるほうが、結局は早く書き終わり、内容も深くなります。

◉アイデアメモのポイント1　出題意図を読み取る

課題が与えられたら、まず、その出題意図を考える必要があります。

先ほどQ５（19～23ページ）で示したとおり、医療系の小論文問題にはいくつかのパターンがあります。どのタイプの課題かによって、書き方も異なります。

その課題が医療についての知識や関心を見ようとしているのか、それとも社会的な事柄についての幅広い教養を見ようとしているのかを考えます。出題者が幅広い教養を見ようとしているのに、課題を無理やり医療問題に限定して書いてしまうと、社会的な視野がないと判断されてしまう恐れがあります。

大学のパンフレットやオープンキャンパスなどでの出題意図の説明をよく聞き、過去問などを見て、どのような答案が求められているのかを判断する必要があります。もしわかりにくいときには、高校や塾の信頼できる先生に質問してみるのもいいでしょう。

◉アイデアメモのポイント2　問題提起を考える

小論文の基本は、ある問題にイエスかノーかを考えるものですから、しっかりとした問題提起をしてこそ、優れた小論文になります。

「○○について」という課題の場合、それについて知っていることを書いても、論にはなりません。たんに「説明」になってしまいます。「○○をもっと増やすべきか」「○○は正しいか」という問題提起が必要なのです。

なお、課題文がついて、それを読んだうえで論じることが求められる問題が、しばしば出題されます。

そのような場合は、課題文を正確に読み取ることが必要ですが、その課題文の主張が正しいかどうか、そこに指摘されている事柄がよいことなのかどうかを論じますので、基本は課題文のない場合と同じです。課題文の読み取りや、課題文がある場合の論じるコツについては、52~54ページで説明します。

問題提起をつくる場合、以下の3つの原則を考えてください。

①賛成と反対の両方の意見のあるもの

問題提起をつくるとき、まず考えなければならないのは、賛成と反対の両方の意見のある問題でなければならないということです。

たとえば、「インフォームド・コンセントについて」という問題の場合、この言葉の意味や現在の状況を説明するだけでは小論文になりません。

「インフォームド・コンセント」というのは、医療関係者が一方的に患者に医療を行うのではなく、患者や家族に病気の状況や治療の方法、副作用などについてきちんと説明し、同意を得てから治療を行うことをいいます。

現在、日本でもこの考えが広まっていますので、「インフォームド・コンセントが広まっているか」について考えても、「広まっている」という事実を説明したり、調査をしてその結果を書くだけになってしまいます。それでは論じることになりません。

「インフォームド・コンセントをもっと広めるべきか」というような問題提起にすると、両方の意見が出ることになります。

②価値観を問うもの

小論文は、基本的に価値観について考えるためのものです。先ほども説明したとおり、「○○している人は増えているか」「現在、どうなっているか」「これからどうなるか」などについて問題提起しても、短い時間で書きようがありません。

決められた時間内に試験場で書く小論文の場合、よいか悪いか、そうするべきか、そうでないのかといった価値観にかかわる問題提起にする必要があります。

③医療志望であることを意識する

あなたは医療・看護系の学部・学科を志望しているのです。それを忘れないで、どんな問題提起にするかを考える必要があります。

たとえば、「水」について600字程度で小論文を書くように求められたとします。芸術系を志望しているのであれば、「水は上から下に落ちるが、下から上に上ったら、どうなるだろう」などといったことを自由に書いていいでしょう。

しかし、医療系であれば、「水は人間に大切なものなので、汚染されないように気をつけるべきだ」といった方向で論じるべきでしょう。

このように、常に医療関係者に求められている考え方を視野に入れて考える必要があります。第2部「書くネタ」編で、医療のあり方、医療関係者の考え方について詳しく説明しているので、それを参考にしてください。

◉アイデアメモのポイント3　賛成・反対の理由を考える

何について考えるかはっきりしたら、現在、どんなことが起こっているのか、何が問題になっているのかを考えながら、賛成と反対の根拠をしっかりと考えます。

「インフォームド・コンセントを広めること」についての問題が出された場合を例にして説明します。その場合、以下のことに気をつけてください。

①あくまでも根拠を考える

小論文でいちばん大切なのは、「根拠」です。「インフォームド・コンセントを広めること」についての問題を出すと、この考え方の説明をするだけだったり、それについて疑問をもっている人の意見を示したりする人がたくさんいます。

しかし、必要なのは、あなたはそれについてどう考えるか、なぜそう考えるかです。それを具体的に説明する必要があるのです。

②客観的に考える

常に医療を志望する人間として考えてください。

そのためには、まず冷静で客観的であることが求められます。患者さんが苦しんでいるときに、医療関係者までもがパニックに陥っては治療ができません。

科学的で冷静で客観的に物事を考える必要があります。偏った考えや非科学的な考えを支持するようなことを書くべきではありません。

どうしても一部の人に不利益になるような判断を示す必要がある場合には、「確かに……しかし……」というパターンをきちんと使って、十分に反対意見も考慮したうえでの判断だということを示すといいでしょう。

③弱者の立場で考える

病気で苦しむ人、高齢の人のほとんどは、社会的な弱者と言えるでしょう。ですから、**医療に従事する者であれば、弱者の視点をもつ必要があります。**

「弱者は切り捨てるのが当然だ」「そんなこともできない人に生きる資格はない」といった強者の言い分を書くべきではありません。

自分ではそのようなつもりはなくても、つい、そのようなことを書いてしまうことがありますので、注意が必要です。

そうしたことを考えて、賛成・反対の両方の立場の意見を考えてみます。

賛成の意見例

「インフォームド・コンセントを広めること」に賛成の意見例

・副作用などが起こったとき、前もって説明を受けていてこそ、それに対処できる。自分で病気の状況を知っていてこそ、効果的な治療が可能になる。

・現在の、教師と生徒のような医師と患者との関係を改める必要がある。患者と医師は共同で病気に立ち向かうパートナーであり、そこに上下の差はない。それぞれが正しい情報を伝えてこそ、適切な治療が可能になる。

・患者は自分の病気を知り、自分の将来を決定する権利をもつ。医師は患者を支配する存在ではなく、助言し、むしろ患者の幸福と利益を第一に考える存在である。

反対の意見例

「インフォームド・コンセントを広めること」に反対の意見例

・日本では個人主義が発達していないので、自己決定の考えが定着していない。医師が病状について説明しても、自分で考えようとしない人が多い。日本には、この考えは合わない。

・専門知識のない人に病気について説明しても、あまり意味がない。医師が自分の都合のいいように患者に伝えることになってしまう。インフォームド・コンセントは、治療の最終責任を医師がとらないための制度という面がある。

・患者も、多くの場合、治療を医師にまかせたいと思っている。素人である患者が的確な判断ができるとは限らない。患者の意思を重視すると、延命治療拒否などの新たな問題が出てしまう。

STEP3　構成メモをとる

アイデアメモをとったら、次に構成をメモします。

アイデアをメモした段階では、アイデアを未整理に並べただけです。その中には、使えるアイデアもあれば、使えないアイデアもあるでしょう。

アイデアを整理して、上手に構成するのが構成メモです。

以下の点に注意して、構成してください。

◉構成メモのポイント1　イエス・ノーのどちらで書くかを決める

アイデアメモでイエス・ノーの両方の意見を考えたわけですが、実際に書くためには、どちらの方向で書くかを決める必要があります。

一般的には、どちらの立場で書いても、評価にそれほどの差はありません。文学部などでは、むしろ常識に反する方向で論じるほうが、評価が高いこともあります。

ただし、医療・看護系の学部・学科では、一定の方向で書かなければ評価が得られない場合があります。ですから、あくまでも医療に携わろうとしている人間として、どちらが望ましいかを考えなければなりません。

◉構成メモのポイント2　「型」を守る

小論文の場合、「今度はどんな構成にしようか」などと考える必要はありません。16〜18ページに示した型どおりに書けばいいのです。小論文の「型」に合うように構成すれば、論理的な小論文ができあがります。

アイデアメモの中で最も説得力のある「根拠」を第三段落に書くように構成するのがコツです。そして、それに合わせて第二部の「確かに……しかし……」を上手につくります。

◉構成メモのポイント3　欲張らない

つい、「メモしたことをすべて並べて書きたい」という気持ちになってしまうものですが、そんなことをすると、論は崩壊してしまいます。とくに第三部では、いくつもの根拠をあげるよりも、1つか2つの根拠に絞って、きちんと説明するほうが説得力が出ます。いくつものことを未整理に書かないように気をつけてください。

構成メモの例

構成メモ（「インフォームド・コンセントを広めること」について）

問題提起	意見提示	展開	結論
1	2	3	4

1　医師は患者に対して勝手に治療するのではなく、治療の意味や薬の役割を説明し、それに患者が同意してはじめて治療ができるというインフォームド・コンセントの医療原則を、日本に広めるべきだろうか。

2　確かに、日本では個人主義が確立していないので、患者が病気に立ち向かうという原則を定着させるのは難しい。インフォームド・コンセントには、ガン告知などが前提になる。しかし、これからの時代において、インフォームド・コンセントを定着させるべきだ。

3　①現在の、教師と生徒のような医師と患者との関係を改める必要がある。
②患者と医師は共同で病気に立ち向かうパートナーであり、そこに上下の差はない。
③それぞれが正しい情報を伝えてこそ、適切な治療が可能になる。

4　したがって、インフォームド・コンセントをもっと広めるべきだ。

（算用数字は、四部構成の第一部、第二部……を意味する）

書き方

このように、「型」に従って、それぞれの段落に何を書くかをメモします。

そして、このメモに沿って清書していきます。きちんと箇条書きにしておけば、途中でずれてしまうこともありません。そして、そうすれば、下書きなしでも書くことができます。

STEP4　実際に書く

構成が終わったら、具体例や説明を加えて清書します。

清書の書き方を説明しましょう。

◉清書のポイント1　書き出しに凝らなくていい

小論文の場合、作文と違って書き出しに凝る必要はありません。ありきたりの書き出しでいいのです。次の3つのパターンのうち、ひとつを使えるようにしてください。

①客観的事実で始める

「新聞では……と報道されている」「最近、……が増えている」というように、新聞やテレビの報道、人の話などの客観的な事実で始めて、すぐに疑問文で問題を提出する方法です。最も正統的な書き出しなので、これだけマスターしていれば大丈夫です。

例：しばらく前からインフォームド・コンセントの考えが日本でも広まってきた。では、インフォームド・コンセントをもっと広めるべきだろうか。

②定義で始める

課題として出題されている言葉の意味、その内容などについての説明から始める方法。

例：インフォームド・コンセントとは、医療関係者が一方的に患者に医療を行うのではなく、患者や家族に病気の状況や治療の方法、副作用などについてきちんと説明し、同意を得てから治療を行うことをいう。このインフォームド・コンセントを、もっと広めるべきだろうか。

③結論で始める

はじめにズバリと自分の主張を書く方法。とくに、イエス・ノーの形にしにくい場合には、この書き方を使うとうまくいきます。たとえば、「……の対策はどうあるべきか」「これにはどんな方法があるか」などの問いのときには、最初に、「このような対策がある」「このような方法がある」とズバリと書いて、それを問題提起代わりにして、それを検証する形をとります。

しかし、先に結論を言ってしまうために、字数稼ぎがしにくくなることがあります。書き慣れないうちは、あまり使わないほうがいいでしょう。

例：現在、インフォームド・コンセントの考えが日本でも広まっているが、私はこの考えを広めることに賛成である。

◉清書のポイント2　説明する

作文の場合、「……と思う」で済ますことができますが、小論文の場合、きちんと説明を加えるのが原則です。

なぜ、そう思うのか、具体的にはどんなことがあるのかなどを、きちんと説明します。それをしないと、決めつけたことになってしまい、説得力をなくします。

説明をすることで、字数を増やすことにもつながり、説得力を強めることにも役立ちます。状況を知らない人や、別の価値観をもっている人にも、言おうとしていることが伝わるように説明するよう心がけてください。

◉清書のポイント3　医療はどうあるべきかという問題とからめて考えてみる

医療に関する問題の場合、医療のあり方とからめて考えると、論が深まることがあります。

たとえば、延命治療についての意見を問われた場合、「医療は、患者が自分らしく生きることを手助けするものであるべきだ」といったことを中心に考えると、論を深めることができます。

常に、「医療はどうあるべきか」ということとからめて考えるといいでしょう。

模範解答例

医師が患者に対して行う治療内容の方法・効果・危険性などを説明し、そのうえで同意を得るというのが、インフォームド・コンセントである。日本でも、この医療原則をもっと広めるべきだろうか。

確かに、日本人は個人意識が弱く、しっかりとした自分の価値観をもたない人が多いので、自分で判断しない傾向が強いと言われる。本当の病名を知りたがらない人も多い。そのために、インフォームド・コンセントが成り立たない状況がある。しかし、このインフォームド・コンセントの原則の定着は、必要である。

医療の主体は患者である。自分がどのような病気であるかをしっかりと知り、どのような治療を選ぶかを決定しなければならない。医療従事者は、患者自身が判断するための情報を提供し、適切に助言する存在でしかない。そう考えることによって、患者は自分の病気に真正面から立ち向かって、副作用についての苦しみも他人のせいにしないで対処することができる。医師は独断的に治療を決めるのでなく、患者の考えを重視したうえで、適切な治療ができるのである。

以上述べたとおり、これからは、患者中心の医療のためにインフォームド・コンセントの原則を広めるべきだと考える。

4 課題文のつく問題の書き方

入試の小論文問題には、課題文が示され、それを読んだうえで小論文を書くタイプの問題があります。

このタイプの問題では、次のような要領で小論文を作成するといいでしょう。

例題

次の文章を読んで、あなたの意見を600字以内でまとめなさい。

生と死の場所が現在は隔離されているようだ。自宅で生まれたという若者に出会ったことがない。人の死を目の当たりにしたことのある若者は少数だ。ほとんどの人は病院で生まれ、不慮の場合を除いて、ほとんどの人は病院で死ぬ。私が子どもであった戦後すぐの時代には、自宅で生まれ、自宅で死ぬのが当然だったが、50年ほどの間に様変わりした。おそらく、清潔さや周囲の人々の生活などを考慮して、生死の場所が病院になったのだろう。だが、そのおかげで失ったものも多い。人々は、生まれたばかりの赤ん坊を見つめ、死にゆく人と日常的に接することによって、生死の尊さを知った。妊娠している人や生まれたばかりの子ども、身体が弱っていく人への優しさを身につけた。いまはそのような機会が失われた。生と死への尊厳を忘れ、弱者へのいたわりをなくす人が増えているのも、このようなことが関係しているのかもしれない。

もう少し身近な生と死があっていい。もっと自宅で生まれ、自宅で死ぬという選択があっていい。私はそう思うのだ。

STEP1　しっかりと読み取る

課題文が与えられている場合、まずはその主張をしっかりと読み取る必要があります。文章の中で少しだけ取り上げられたことについて書いても、その文章を読み取れなかったとみなされてしまいます。まずはしっかりと読み取ります。

そのためには、以下のような手順を守るといいでしょう。

◉読み取るコツ1　キーワードを探す

正確に読み取るには、まずキーワードを探して、その文章が何を問題にしているのか、何について語っているのかをはっきりさせます。キーワードがわかりにくい言葉の場合には、その意味をきちんと考える必要があります。

この例題のキーワードは「生」と「死」だと考えられます。

◉読み取るコツ2　何に反対しているかを考える

ほとんどの文章は、「××とみんなは思っているが、そうではない。○○だ」「いまはこのような状態だが、それはよくない」などと語っています。だから、何に反対しているかを考えると、その文章の言いたいことがわかります。文章の言いたいことがはっきりしないとき、「この文章が最も反対しているのは何か」を考えてみるといいでしょう。

例題の文章は、ほとんどの人が病院で生と死を迎えるようになった現在の状況に反対しています。

◉読み取るコツ3　そのうえで、その文章の「言いたいこと」を考える

そのうえで、文章のいちばん言いたいことをはっきりさせます。ほとんどの場合、その文章が何に反対しているかを考えれば、その文章の言いたいことはわかるはずです。

この例題では、「いまではほとんどの人が病院で生と死を迎えるようになったが、もっと自宅で生と死を迎えてもよいのではないか」と主張しています。

STEP2　主張を問題提起に転換する

読み取れたら、次に問題提起を考えます。

ほとんどの場合、課題文の主張が正しいかどうか、そこで指摘していることがよいことかどうかを問題提起にすればいいでしょう。

例題の文章は、ひとことで言えば、「もっと自宅で生と死を迎えるべきだ」と語っているわけですから、「本当に、もっと自宅で生と死を迎えるべきか」を問題提起にすれば、しっかりとこの文章について論じることができます。

STEP3　まずは課題文の主張を簡単にまとめる

課題文がある場合、まずはその主張を簡単にまとめるのが原則です。

そうしてこそ、採点者に課題文をしっかりと読み取れたことをアピールできますし、論点も定まります。自分の考えを書いているのか、課題文をまとめているのかあいまいに書く人がいますが、それも感心しません。

「課題文をまとめると、……となる。では、……なのか」と書くのが基本的なパターンです。

STEP4　課題文をなぞらないようにする

医療・看護系小論文では、イエスで答えるほうが好ましい場合、つい課題文と同じことを繰り返してしまうことがよくあります。そうならないように気をつける必要があります。

本書で示される知識があれば、課題文が何を問題にしているのか、その背景に何があるのかが理解できるはずです。それを踏まえて、課題文に書かれていない根拠を示すのが原則です。あるいは、課題文に少しだけ語られていることを、できるだけ具体例などを加えて詳しく説明するのでも、それなりの評価は得られます。

模範解答例

課題文をまとめると、「いまではほとんどの人が病院で生と死を迎えるようになったが、もっと自宅で生と死を迎えてもよいのではないか」ということになる。では、これからもっと自宅で生と死を迎えるような医療のあり方を求めるべきだろうか。

確かに、病院で生まれ、病院で死を迎えるほうが、医療を行うための技術的な立場から見れば、衛生的で効率がいいだろう。病院内のほうが、雑菌によって赤ん坊が病気にかかることも少ないし、死を迎える人間のために周囲の人が介護に苦しむことも少ない。しかし、誕生と死という人生の大切な出来事を、家族と離れて機材に取り巻かれた無機的な病室で迎えることで、生と死のもつ人間らしさが失われてきていることも事実である。

現代社会では、人々は死について軽く考える傾向にある。テレビの中で日常的に殺人事件が起こり、ゲームでは簡単に敵を殺す。そうした中に生きる現代人は、生と死に向き合うことが少ない。だが、自宅で生と死を迎えることによって、厳粛で、時に残酷な生と死に向き合うことになる。それがきっかけになって、自分の生について考えることもあるだろう。自宅での生と死は、そのようなことを見つめるいい機会である。

私は自宅での生と死の機会が増えることに賛成である。すべてを病院で行うような現在の状況を改めるべきだと考える。

5　そのほかの形式の問題の書き方

前にも説明したとおり、一口に小論文といっても、さまざまな形式があります。そのような場合、次のように考えてください。

1　グラフや表など資料が出る問題の書き方

グラフや表などの資料が出題されたとき、次のことに気をつけます。

◉まずは大まかに読み取る

グラフや表も、何かを指摘したり、主張したりしています。まずは数字の大きな違い、資料にあらわれる共通点などを見つけ、その資料から見える大きな点を読み取ります。それが読み取れたあとで、小さな数字の違いなどに目をやります。

◉仮説を立てる

資料が何を語っているのかよくわからないときには、課題についての知識と照らし合わせて考えてみます。高齢化の医療に関するグラフが出ている場合など、「これから高齢化がますます進んで、福祉が大変になる」という知識があったら、その資料からそのことが裏付けられるかどうかを確認します。裏付けられなかったら、それはなぜかを考えてみます。知識さえあれば、資料は読み取れます。

なお、資料の読み取りだけが求められている設問に対しては、次の「2 説明問題の書き方」を見てください。資料についての意見が求められている場合には、課題文がある場合と同じように、第一段落で資料から読み取れるものを指摘したうえで、そのような状況の是非などを問題提起して、四部構成を用いて論じればいいでしょう。

2 説明問題の書き方

長い課題文に設問がいくつかあって、その問一や問二で、「下線部の意味を200字以内で説明しなさい」などと求められることがあります。また、「○○の意味を150字程度で説明しなさい」などの問題もあります。この種の問題は、「小論文」ではなく、記述式問題、あるいは説明問題と考えるべきでしょう。

記述式の書き方としては、以下の2つをマスターすることが大切です。

A型（基本型）

★第一部……ズバリと設問に答える

★第二部……その理由や詳しいことを説明する

B型（A型を逆にした形）

★第一部……理由などを説明する

★第二部……設問に対して答える

ほとんどの場合、「A型」で対応できますが、問題によってはそれでは書きにくいことがあります。そのときは、「B型」を使います。両方をマスターしておくといいでしょう。

なお、国語の授業の影響で、設問に「なぜですか」とあると、「……だから」と締めくくる答案をよく見かけますが、字数が150字以上の場合は、ひとつの文で書こうとすると、どうしてもだらだらして、わかりにくくなってしまいます。だからといって、文が2つか3つあるのに、最後の文だけ「……だから」では意味が通じません。

そこで、「なぜですか」と問われていたら、まずズバリと、「……なのは、……だからである」と書いておいて、そのあとでそれを説明する形にすると、設問にきちんと答えながら、論理的でわかりやすい文章になります。

例題

インフォームド・コンセントとは何か。150字以内で説明しなさい。

◉解答例

インフォームド・コンセントとは、患者が医師などの医療担当者から病名、病状、治療法、副作用などの説明を受け、それに同意したうえで納得して治療を受けることをいう。これまでのように医師が一方的に患者に治療するのでなく、患者が主体となって医療に取り組み、医療従事者が補佐するという考えにもとづいている。

書き方

例題

インフォームド・コンセントは日本社会では根付きにくいと言われているが、それはなぜだと考えられるか。150字以内で説明しなさい。

◉解答例1（A型）

日本人は他者に頼る傾向が強いため、自己判断せずに医者に頼りがちになると考えられるからである。インフォームド・コンセントでは、患者自身が自分の病気についての情報を得て、主体的に病気に向き合うことが必要である。ところが、日本人は個人意識が弱く、自己判断を嫌う傾向が強いのである。

◉解答例2（B型）

インフォームド・コンセントでは、患者自身が自分の病気についての情報を得て、主体的に病気に向き合うことが必要である。ところが、日本人は個人意識が弱く、自己判断を嫌う傾向が強い。つまり、インフォームド・コンセントが根付かないのは、日本人は自己判断せずに医者に頼りがちになるからである。

3　要約問題の書き方

要約問題もよく出題されます。

課題文が与えられ、問一に課題文の要約が求められて、問二で意見が求められるという問題がほとんどです。時には、「小論文試験」としながら、実際には要約だけが求められることもあります。

これについても、先ほどの「2　説明問題の書き方」を参考にしてください。説明問題と同じように、「A型」か「B型」で要約することができます。

なお、要約問題の場合、次の3大基本原則を守ってください。

①課題文の筆者になりかわって書く。だから、「筆者は……と書いている」などといちいち書く必要はない。

②課題文を読んでいない人にもわかるように書く。つまり、要約だけで意味が通じるようにしなくてはいけない。

③読み取れたことを示すつもりで書く。要約問題というのは、課題文を理解できたかどうかを見るための問題だということを忘れてはいけない。だから、課題文のキーワードはそのまま使い、きちんとキーワードを捉えたことを示し、それ以外はできるだけわかりやすい言葉で書く。

◉解答例（51〜52ページの課題文を120字以内に要約した場合）

現在、自宅で生まれる人も自宅で死ぬ人も少ない。ほとんどの人は病院で生まれ、病院で死ぬ。そのほうが衛生的だが、そのようになったために、生死の尊さを忘れ、弱者へのいたわりを忘れた。もっと自宅で生まれ、自宅で死ぬという選択があっていい。

4 志望理由書

小論文という科目名になっているのに、実際には、志望理由を書くことが求められることがあります。また、「私の夢」「私の志」というような題で書くことが求められることもあります。

このような志望理由にかかわる課題の場合、次のような構成にするといいでしょう。

第一部　自分のしたいことをズバリと書く

「私の夢は○○である」「私は、○○をしたいために、△△大学を志望する」というように書きます。

第二部　そのように考えるようになったきっかけ

ここで、熱意を示します。「高校生活の中でこのような経験をした」「こんな本を読んだ」などが最も書きやすいでしょう。

第三部　したいことの意義など

具体的にどのようにしたいか、そのことにどのような意義があるかなどを書きます。ここで、したいことについて具体的にイメージできていることを示します。

第四部　全体のまとめ

それをすることについての覚悟などを示します。

◉医療系志望者がとくに注意する点1　「親が医者だから」だけではダメ

医学部などを志望する場合、「親が医者だから、それを継ぎたい」という志望理由を書く人がいます。しかし、それだけでは、たんに「家業を継ぎたい」ということになってしまいます。

「親の姿を見て、それに生きがいと社会的な意義を感じてきた」というように、医師の役割とからめて書くようにするべきです。

◉医療系志望者がとくに注意する点2　上手に優しい人柄をアピール

志望理由書も、優しさや緻密さといった人柄が評価の対象になります。ぞんざいな字を書いたり、他者を侮蔑するようなことを書いたりしたら、医療に従事する資格がないとみなされます。

ことさらに、自分が優しい人柄であることをアピールする必要はありませんが、「しっかりしていて、優しくて冷静で、医療に熱意をもっている」という医療関係者のイメージにふさわしくないことは書くべきではありません。

模範解答例

私は看護師になるために、貴校の看護学科を志望する。

私は小学生のころから、人の役に立ちたいとずっと思ってきた。手伝いをして人に感謝の言葉をかけられたときが、一番うれしかった。自分が社会の中でしっかりと生きているということを実感し、多くの人とつながりあっていることがうれしくなったものだ。それは中学生、高校生になっても変わらなかった。高校二年生のとき、ボランティア活動として老人ホームに行って、お年寄りの手助けをしたが、そのときにも、九十歳を越したおばあさんと仲良くなることができた。さまざまなことを教えてもらって、こちらのほうが感謝しているのに、感謝されてますますうれしかった。そのような経験を積むうちに、看護師になることを考えるようになった。

看護師として役に立つためには、医学の知識はもちろんのこと、科学的に思考し、てきぱきと物事を処理する能力も必要である。だが、その根本に患者さんに親しみを覚え、患者さんの役に立ちたいと考える姿勢が大事なのではないだろうか。その点で、看護師は私の天職ではないかと考えている。どんな患者さんとも親しくなって、どんなときにも患者さんの立場に立って考え、患者さんの身になって考えることができる看護師こそが私の理想の看護師であり、私はきっとそのような看護師になれると思うのである。

私は貴校の看護学科に入学し、自分の天職としての看護師の考え方をいっそう高め、同時に、現在の私に不足している医学の知識や科学的な考え方を身につけたいと考える。

第2部

「書くネタ」編

医療・看護ネタをもっと身につける

1
医療の倫理

人々の健康や生命にかかわるには、医療技術の社会的意味や、病気が人間にとってどのような意味をもつものなのかを考える必要があります。

そうしたとき、「医療の倫理」は考え方の道筋をつけるものです。

医療・看護系の小論文では、多くのテーマがこの「医療の倫理」と関係してきます。

医療問題を考える際の原則となるものなので、医療・看護系の学部を志望するからには、必ず考えておかなくてはならないテーマです。

課題

次にあげるのは、古代ギリシャの医師ヒポクラテスが記したとされる「ヒポクラテスの誓い」です。これは、医療の倫理を示した世界最古のものとされています。では、この「ヒポクラテスの誓い」は現代でも有効かどうか、考えてください。（６００字以内でまとめてください）

課題文

〈ヒポクラテスの誓い〉

医神アポロン、アスクレピオス、ヒギエイア、パナケイアおよびすべての男神と女神に誓う、私の能力と判断にしたがってこの誓いと約束を守ることを。

・この術を私に教えた人をわが親のごとく敬い、わが財を分かって、その必要あるとき助ける。

・その子孫を私自身の兄弟のごとくみて、彼らが学ぶことを欲すれば報酬なしにこの術を教える。そして書きものや講義その他あらゆる方法で私の持つ医術の知識をわが息子、わが師の息子、また医の規則にもとずき約束と誓いで結ばれている弟子どもに分かち与え、それ以外の誰にも与えない。

・私は能力と判断の限り患者に利益すると思う養生法をとり、悪くて有害と知る方法を決してとらない。

・頼まれても死に導くような薬を与えない。それを覚らせることもしない。同様に婦人を流産に導く道具を与えない。

・純粋と神聖をもってわが生涯を貫き、わが術を行う。
・結石を切りだすことは神かけてしない。それを業とするものに委せる。
・いかなる患家を訪れるときもそれはただ病者を利益するためであり、あらゆる勝手な戯れや堕落の行いを避ける。女と男、自由人と奴隷のちがいを考慮しない。
・医に関すると否とにかかわらず他人の生活について秘密を守る。
この誓いを守りつづける限り、私は、いつも医術の実施を楽しみつつ生きてすべての人から尊敬されるであろう。もしこの誓いを破るならばその反対の運命をたまわりたい。

（小川鼎三訳）

課題の解説

世界最古の医療の倫理規定と言われる「ヒポクラテスの誓い」は、いまでも医師になる人が誓約として読むことのあるものです。

しかし、古代ギリシャ時代の医療の倫理がそのまま現代でも有効かどうかを判断するのが今回の問題で、現代の医療の倫理を考えるうえでも非常に参考になります。

倫理というのは、一口にいって道徳的な価値基準のことです。

医療は科学であると同時に人間を扱うものなので、人間の精神面から切り離された科学の合理性だけでは成り立ちません。そこで、何らかの「倫理的指針」が必要となります。それが、今回のテーマである「医療の倫理」です。

現代の医療の倫理は、医療従事者が患者や病気に対して、どのような姿勢でのぞむかといった道徳的な枠を超え、生命の尊厳から、生命を育む地球環境、医療技術や薬の開発を行う科学技術者の社会的責任まで、広範囲に及んでいます。そのため、現代の医療の倫理は「生命倫理」（バイオエシックス）と呼ばれることもあります。

これまでの医療には、患者の病気だけを見て、患者をひとりの人間として見てこなかったという問題や、患者が医療側の言いなりになるしかなかったというパターナリズム（父権主義）の問題が指摘されています。そのため、かつてのような医療の倫理だけでは対応できなくなっているのが現状です。

そこで、そもそも技術は生命にどこまで踏み込めるのか、患者の自己決定をいかに確保するのかが、現代の医療の倫理の大きな柱になっているのです。とくに患者の自己決定については、患者に判断材料を提供し、医療行為の選択と生き方の選択を患者に委ねる必要があると考えられるようになっています（インフォームド・コンセントの広がり）。

こうした背景を頭に入れたうえで、賛否両論を考えるとわかりやすいはずです。

たとえば、生命を尊重し、医療技術をあくまで医療目的だけに使い、患者を差別せず、治療のために最善を尽くす。これらは、現代でもさまざまな医療の問題を考える際、基準にできる考え方です。こうして見ると、「ヒポクラテスの誓い」は現代でも医師になる者の誓いとして通用します。それを説明すれば、賛成の論にできるでしょう。

一方で、「ヒポクラテスの誓い」には、現代の目から見て大きな問題点もあります。それは、患者に対する医療従事者の態度のみが記されていて、患者の権利が顧みられていない点です。その点を具体的に説明すれば、反対の論にもできるはずです。

賛成・反対、どちらの立場で書くにしても、一方的に意見を書くのではなく、第二部の「確かに……」で、逆の立場にも配慮するようにしてください。

賛成の意見例

・医療従事者の務めは、何よりも患者の健康と生命を守ることにある。「ヒポクラテスの誓い」には、いかなる患者も差別せず、最善の治療を施す義務が明記されている。また、医療の技術や知識をみだりに用いず、大切に受け継ぐことも謳われている。これは、「生命の尊重」という考え方がすべての基礎として貫かれていることを示している。

・「ヒポクラテスの誓い」は医療従事者がどうすべきかを記したもので、確かに患者の権利を強調する目的ではつくられていない。しかし、治療の公平性や、患者の秘密を守ることなど、患者それぞれの人間的な部分や価値観には踏み込まない配慮がある。そのようにして患者を守っているとも言える。医療従事者の治療にのぞむ態度として、今日でも通用する倫理だ。

・安楽死の否定や生殖医療に対する慎重な態度など、今日の技術発達に伴って大きく浮上した問題にも、原理として通じる内容が書かれている。医療がどこまで生命に踏み込むべきかについて、今日でも有効な倫理となっている。

反対の意見例

・現代の医療の倫理は、医療従事者自身の倫理や、医療従事者と患者の関係を考える倫理を超え、広く生命について、あるいは社会や地球環境について考える学問になっている。「ヒポクラテスの誓い」にはそこまでの視野がなく、今日のさまざまな問題に対しては有効ではない。

・「ヒポクラテスの誓い」では、医療の技術や知識は、同じく医療従事者を志す者にしか伝えられない。ということは、インフォームド・コンセントがないまま、医療従事者の側で最善と考える治療を施すというもので、患者の自己選択の余地がない。

・「ヒポクラテスの誓い」は、医療従事者が患者に対して医療を施す一方通行のものだ。すなわち、父親が子どもに何かを一方的に与え、守るというパターナリズム（父権主義）が典型的に見受けられる。

賛成の解答例

「ヒポクラテスの誓い」には、医療従事者の技術や知識の伝え方や、患者の利益を考える項目が並ぶ。また、自分の専門分野以外の治療は、その分野の専門家にまかせるといった項目もある。このように、今日でも通用するように見える「ヒポクラテスの誓い」だが、はたして本当に今日でも有効なのだろうか。

確かに、「ヒポクラテスの誓い」は、今日の医療の倫理にそぐわない面もある。患者に対する医療行為の注意事項は、医師から患者への一方通行のものだ。父親が子どもに何かを一方的に与え、守るというパターナリズムの典型だという意見ももっともだろう。しかし、「ヒポクラテスの誓い」は、今日でも十分有効だと思われる。

なぜなら、医療従事者の務めは、何より患者の健康と生命を守ることにあるからだ。「ヒポクラテスの誓い」には、いかなる患者も差別せず、最善の治療を施す義務が明記されている。また、そのための医療の技術や知識をみだりに用いず、大切に受け継ぐことも謳われている。すべての生命を差別せず、生命にかかわる技術や知識の扱いに慎重な姿勢が、「ヒポクラテスの誓い」には見られる。すなわち、生命の尊重という考え方が、すべての基礎として貫かれていることを示しているのである。

したがって、「ヒポクラテスの誓い」は今日でも十分有効なものであると、私は考える。

反対の解答例

「ヒポクラテスの誓い」には、医療従事者が技術や知識をどのように伝えていくかに加えて、患者の利益につながる項目が並ぶ。このように、今日でも通用するように見える「ヒポクラテスの誓い」だが、はたして本当に今日でも有効なのだろうか。

確かに、「ヒポクラテスの誓い」は現代でも有効という考え方にも一理ある。安楽死の否定や、生殖医療に対する慎重な態度など、今日の技術発達に伴って大きく浮上した問題にも、原理として通じる内容が書かれている。そうした点では、医療がどこまで生命に踏み込むべきかについて、今日でも有効な倫理となっている。しかし、全体としては、「ヒポクラテスの誓い」の有効性は疑わしい。

「ヒポクラテスの誓い」では、医療の技術や知識は、同じく医療従事者を志す者にしか伝えられない。技術や知識は弟子にのみ伝えられていくもので、そうした秘密主義を大事にしている部分がある。ということは、患者に対してはインフォームド・コンセントがないまま、医療従事者の側で最善と考える治療を施すことになる。これでは、治療に関して患者の自己選択の余地がない。今日の医療では、患者の主体的な自己決定が尊重される。その原則に「ヒポクラテスの誓い」は反してしまうのである。

このように、「ヒポクラテスの誓い」は今日では有効ではないと、私は考える。

医療の倫理についての基礎知識

ここが使える

「バイオエシックス」（生命倫理）とは？

「バイオエシックス」とは、個々の医療従事者のモラルや道徳を超えて、生命を尊重し、技術が生命にどこまで踏み込んでいいのか、どのように患者を医療の主体とするかといった生命を扱う医療行為や科学技術について、広く社会的・文化的に考えることです。

生命を意味する「bio」と、倫理学を意味する「ethics」を組み合わせた造語で、「生命倫理学」と訳されることもありますが、カタカナで「バイオエシックス」と呼ばれることも少なくありません。

ここが使える

医師と患者の関係は「パターナリズム」（父権主義）から「患者の自己決定権」へ

医師と患者の関係は、日本では教師と生徒の関係に近かったと言えます。そこでは、患者は医師の施す治療を盲信するしかありませんでした。

ここが使える

しかし、バイオエシックスが定着しつつある現在、**かつての医師と患者の関係は「パターナリズム」（父権主義）と呼ばれ、批判されるようになっています。**

ここが使える

いま重視されているのは、「患者の自己決定権」という考え方です。

患者が自己決定を行うには、医療従事者が行う治療について、その危険性や必要性を患者に説明する義務を負い、それを行うか否かの判断は、患者に委ねられなくてはなりません。

ここが使える

そのために、**いまや日本でもかなり定着しているのが「インフォームド・コンセント」（説明と同意）です。これは、患者が医療従事者の言いなりになる、いわば隷属する関係から、患者の主体性を取り戻し、患者の人権を守る考え方**です。

「インフォームド・コンセント」（説明と同意）の広がり

医療従事者は、病名、病状、予後、診療計画、処置や手術、薬の名前や作用・副作用、必要な費用などについて、患者が納得できるまで説明する義務があり、これらの説明を受けた（informed）うえで、患者が医療者に対して同意を示す（consent）ことを、「インフォームド・コンセント」といいます。

したがって、**インフォームド・コンセントの主体はあくまでも患者**であり、医師が一方的に説明し同意させるのでは、インフォームド・コンセントが成立していることになりません。

また、末期ガンなどの場合、知らされるとかえって患者の生きる意欲を損ねるケースもあります。

こうした場合のインフォームド・コンセントでは、できるだけショックを与えないように、カウンセリングなどのケアも必要となります。

患者が保障されているさまざまな権利

医療の主体である患者には、保障されるべき権利があります。

「自己決定権」はもちろん、**「知る権利」「プライバシーに関する権利」**もインフォームド・コンセントにかかわる重要な権利です。

また、**「最善の治療を受ける権利」**や、貧富や身分の差によって受けられる治療が差別されないという**「治療の公平の権利」**もあります。これらは、意識不明の状態での救急医療など、インフォームド・コンセントが不可能な状態や一刻を争う治療を行わなくてはならないケースで、とくに重要になります。

しかし、「知る権利」がある一方で、ここが使える **患者には「知らないでいる権利」がある**とも考えられています。患者自身が知りたくないことについて、本人の意思に反して告知することはできないのです。

「リビング・ウィル」（生前の意思）とは？

バイオエシックスの普及により、「医療の主役は患者で、医師はそれを補佐する存在でしかないから、患者が自分の健康に関することは自分で選べるようにしよう」という考え方が広まり、患者があらかじめ自分の意思を表明しておくようになりつつあります。

ここが使える **「尊厳死を選ぶか、それとも延命治療を選ぶか」「自分が脳死状態になったとき、臓器を他人に提供することを望むか」を前もって意思表示しておく**わけです。これを**「リビング・ウィル」（生前の意思）**といいます。

自分の死後のことを決定するのを遺言＝ウィルというのに対して、まだ息のあるうちに効力をもつ意思なので、こう呼ぶわけです。

このリビング・ウィルがあれば、医療従事者は患者の明確な意思を確認しやすくなります。

「生命の尊重」という視点——「安楽死」と「尊厳死」の違い

ただし、患者の意思が尊重されるといっても、すべての場合に尊重できるわけではありません。

たとえば、安楽死を求めるリビング・ウィルがあったとしても、医療従事者はそれに従うわけにはいきません。

ここが使える

安楽死とは、患者が苦痛を感じないよう薬物などを投与して、積極的に患者を死に至らしめることです。これは、**医療の大原則は「生命の尊重」**であることから、受け入れることができないケースといえます。

また、安楽死に対して尊厳死という考え方もあります。

ここが使える

尊厳死とは、無駄な延命治療をしないで死を迎えることです。

医療は生命を尊重しなくてはなりませんが、現代医学で治る見込みがない場合や、患者および周囲の人間に苦痛を与えるだけの余命しかない場合は、尊厳死であれば、患者の願いを聞き入れることが許されるのではないかという考えもあります。

人間には、いかに生きるかという選択を、自分自身でする権利があります。どのような死を迎えるかは、どのように生を全うするかという選択と考えられます。

したがって、無駄な延命治療をしないという選択はできるのではないかと考えられているわけです。

ここが使える

また、**「生命の尊重」という観点から、動物実験も見直しが行われています。**

人間以外なら生命を犠牲にしていいのかという人間中心主義への批判と、環境問題などの生命を地球規模で考える発想の広がりとともに、動物実験を必要最小限にする方向がいま模索されているのです。

自分なりのネタを
追加しよう！

MEMO

2
先端医療

現在、分子生物学の発展、とりわけヒトゲノム解析や遺伝子技術の進展など新しい技術の研究が進んだことで、医療への応用ができるようになりました。それにより、いままで治療不可能だった疾病にも、治療の可能性が開けてきています。

しかし、そうした先端的な医療技術は、人間の価値観や倫理観に新たな問題をもたらし、その社会的な影響の大きさも考えなくてはいけなくなっています。つまり、医療の倫理上の問題を考えなくてはならなくなっているわけです。

医療・看護系の学部を受験するなら、そうした先端医療のプラス面とマイナス面の両方を、ひととおり理解しておく必要があります。

課題

現在、分子生物学の応用など、医療の技術が発達し、従来はできなかったことが可能になってきました。

そうした先端医療のひとつに、着床前診断というものがあります。

着床前診断とは、受精卵が子宮に着床する前、つまり妊娠する前に、受精卵の遺伝子や染色体の検査を行うことです。それによって、遺伝子や染色体の異常による病気や障害がないかどうかを調べることができます。

では、こうした着床前診断を行うことは望ましいのかどうか、考えてください。（600字以内でまとめてください）

課題の解説

課題は、着床前診断の是非を考えるものですが、ほかの先端医療の問題にも共通する、医療の倫理上の問題を含んでいます。

着床前診断については、課題にひととおりの説明がありますが、もともとは出生前診断の延長線上に生まれた技術です。出生前診断は、胎児の発育や異常を出産前に調べるもので、それにより胎児のうちに重度の障害があるかどうかがわかります。

しかし、障害が見つかった場合、人工妊娠中絶に至るケースが多く、そのことが問題視されています。

障害をもった子どもが生まれたら、確かに精神的、肉体的、経済的に本人も苦しい思いをし、家族も苦しい思いをする可能性は高くなるかもしれません。胎児の障害によって母体が危険にさらされる場合には、人工妊娠中絶もやむを得ないという考えもあります。その点では、人工妊娠中絶を認める考え方にも一理あると言えるでしょう。

しかし、人工妊娠中絶は、胎児にも人格を認める立場からすると、障害を理由にひとつの人格を抹殺することになるわけです。そうでなくても、障害をもって生まれてくる子どもが減れば、障害の専門医も次第に減るので、障害者にとってますます生きにくい世の中になってしまいます。

一方、着床前診断では、着床する前、すなわち妊娠して胎児となる前の受精卵の段階で、遺伝子や染色体の異常を調べることができます。もともと染色体異常で着床できない受精卵、あるいは流産する運命にある受精卵を調べることもできるので、不妊や流産で悩む女性の悩みを解消するものです。それに、着床前なので人工妊娠中絶にもあたらず、その点で従来の出生前診断の問題点もクリアできます。

ただし、着床前診断でも、障害のある胎児になるかどうかはあらかじめわかってしまいます。そのため、やはり子どもが障害をもって生まれる可能性をあらかじめ排除しようという考えも出てきます。また、それ以前に、生命の誕生に技術はどこまで踏み込んでいいのかといった問題もあります。

別の視点では、障害をもって生まれてきた場合に、その障害をサポートするために費やされる社会的なコストと、着床前診断にかかるコストとを比較して、コストがかからない選択をすることを推奨する意見もあります。しかし、そうした意見に対しては、生命を経済で論じていいのかと疑問視する意見もあります。

以上のような知識を踏まえ、自分が賛成・反対どちらの立場に立つのかを明確にして論じてください。

賛成の意見例

・従来の出生前診断では、胎児の段階で異常を調べるため、異常が見つかったら人工妊娠中絶を行うケースが多い。もし胎児にも人格と人権を認めるならば、殺人に等しい罪を犯すもとになる。しかし、着床前診断では、まだ胎児になる前の着床前に調べるため、産まない選択をしても、従来の出生前診断のような問題にはならないはずだ。

・着床前診断によって、もともと染色体異常で着床できない受精卵、あるいは流産する運命にある受精卵をあらかじめ調べることができる。そうすることで、不妊や流産で悩む女性にとっては、それらの精神的な悩みを解消し、命を育むための可能性を広げることができる。

・子どもが障害をもって生まれてきた場合に、その障害をサポートするために費やされる経済的な負担は、家族だけにとどまらない。社会的に費やされるコストも大きい。着床前診断にかかるコストのほうがはるかに小さく、コストがかからない選択をすることは、家族にとっても、社会にとっても好ましいことだ。

反対の意見例

・着床前診断では、障害のある胎児になるかどうかがあらかじめわかってしまう。そのため、出生前診断と同じように、障害をもって生まれる可能性をあらかじめ排除できる。それは、障害者の権利を否定することにつながる。

・医療は、人の健康や生命に奉仕するものだ。しかし、着床前診断は、生命の誕生そのものを人間の力で左右してしまうことにつながる。医療が、生命の誕生そのものにまで踏み込むのは、自然の営みに対する人間の傲慢とも考えられる。

・障害をもって生まれた子どものためにかかる家族の経済的負担や社会的コストを考え、よりコストのかからない着床前診断をすすめる意見がある。しかし、これは人の命を経済的価値ではかることになり、望ましいことではない。

賛成の解答例

着床前診断は、受精卵が子宮に着床する前に、受精卵の遺伝子や染色体の検査を行い、遺伝子や染色体の異常による病気や障害がないかどうかを知ることのできる技術である。では、こうした着床前診断を行うことは、はたして望ましいのだろうか。

確かに、着床前診断は、従来の出生前診断と同じように障害者差別につながる面はある。障害のある胎児になるかどうかがあらかじめわかってしまうため、着床させない選択をした場合、障害をもって生まれる可能性をあらかじめ排除することで、障害者の権利を否定することにもなる。しかし、それでも着床前診断を行うことは望ましい。

近年、わが国では女性の社会進出とともに、高齢出産が増えてきている。高齢出産の場合、不妊や流産の可能性も高くなる。そうでなくても、世の中には不妊や流産で悩む女性は多い。着床前診断は、もともと染色体異常で着床できない受精卵、あるいは流産する運命にある受精卵をあらかじめ調べることができる。そうすると、不妊や流産で悩む女性の悩みを解消し、命を育むための可能性を広げることができる。このように、着床前診断は、子どもを産みたい女性の願いを叶え、新しい生命の誕生を手助けするものだ。つまり、生命を尊重し、患者となる女性の自己選択を尊重するもので、医療本来のあり方に合致する。

したがって、私は着床前診断を行うのは望ましいと考える。

反対の解答例

着床前診断は、受精卵が子宮に着床する前に、受精卵の遺伝子や染色体の検査を行い、遺伝子や染色体の異常による病気や障害がないかどうかを知ることのできる技術である。では、こうした着床前診断を行うことは、はたして望ましいのだろうか。

確かに、子どもが障害をもって生まれてきた場合、その障害をサポートするために費やされる経済的な負担は、家族だけにとどまらない。社会的に費やされるコストも大きい。着床前診断にかかるコストのほうがはるかに小さく、コストがかからない選択をすることは、家族にとっても、社会にとってもよいことだとも考えられる。しかし、それでも、着床前診断を行うことは望ましくない。

なぜなら、着床前診断を行うことには、人権にかかわる問題があるからだ。障害をもって生まれた子どものためにかかる家族の経済的負担や社会的コストを考え、よりコストのかからない着床前診断を行うのは、人の命を経済的価値ではかることにつながる。さらに、着床前診断は、障害のある胎児になるかどうかが、あらかじめわかってしまうため、出生前診断と同じように、障害をもって生まれる可能性をあらかじめ排除できてしまう。それは結局、障害者を劣った存在として否定し、障害者の人権を否定することにつながる。

したがって、着床前診断を行うことは、望ましくないと私は考える。

先端医療についての基礎知識

先端医療の可能性と問題点

近年、医療技術の高度な発達により、いままでできなかったことが次々に可能になってきました。たとえば、生体間の臓器移植だけでなく、脳死状態の身体からの臓器の移植も、技術的にできるようになりました。また、分子生物学など、医療医学の分野にとどまらない研究の成果が、医療にも還元されるようになっています。遺伝子治療や人体の複製をつくるクローン技術なども、理論的に可能になっています。

ここが使える

こうした**新しい技術は、いままでなかった難しい問題も新たに生じさせます。**旧来の医療の倫理だけでは扱えない医療の倫理的側面や、人間存在とはそもそもどういったものかといった哲学的な定義も、いま問い直されているのです。

ここが使える

医療に携わる人は、専門の知識だけでなく、いままで以上に広く社会的な知識や倫理的な考え方が求められる時代になっているのです。

遺伝子治療のメリット、デメリット――「オーダーメイド医療」「人体の改造」

現在、「ヒトゲノム解析計画」が進み、遺伝子レベルでの病気のメカニズムが解明されつつあります。それにより、従来のいわゆる遺伝病だけでなく、ガンなどさまざまな病気の予防や治療に関する貴重な情報も得られるようになってきました。

遺伝子レベルでの病気のメカニズムの研究は、有効な治療薬の開発・処方にもつながります。また、外から遺伝子を導入したり、特定の遺伝子の働きを抑制したりする遺伝子治療も可能になります。

ここが使える

さまざまな病気に対して、個人の遺伝子レベルにまで対応した「オーダーメイド医療」が可能になるわけです。

そもそも、遺伝子治療には2種類あります。生まれる前の生殖段階で行われる治療と、生まれたあとに行われる治療です。

生まれる前に行われる治療は、主に先天的に遺伝子に異常がある場合です。しかし、これには、次世代以降にその影響が出ないかという懸念が残ります。

生まれたあとに行われる治療は、主に身体のある部分の遺伝子に異常がある場合です。ただし、その部分の遺伝子は正常に組み換えることができても、身体のほかの部分では以前の遺伝子をもつ細胞が増殖するので、効果に限界がある場合も考えられます。

さらに、人の身体にどこまで手を加えていいのかという問題もあります。

遺伝子治療によって、いわば「人体の改造」が行われるようになると、病気の治療だけでなく、人の能力を人工的に向上させたり、外観をよくしたいといった欲望に歯止めがかからなくなる恐れがあるわけです。そうすると、その時々の社会の価値に合うように人間を改造することも可能になります。

また、個人の遺伝子を調べるため、病気発症の可能性や遺伝病の有無などによって、就職や保険加入などで差別を受ける人が出てくるかもしれません。

ここが使える

個人の遺伝情報の取り扱いにも、いま以上に注意が必要な時代が近づきつつあるのです。

ES細胞とiPS細胞

ここが使える

ES細胞（胚性幹細胞）は、初期胚から得られた分化万能性をもった細胞のことです。

ひとつの細胞が、体を構成するあらゆる種類の細胞をつくり出す能力をもっています。

したがって、ES細胞からは、あらゆる臓器をつくることが理論上は可能になります。

ES細胞は発見以来、再生医療の担い手として期待されてきました。再生医療とは、異常のある細胞や組織、臓器を、人工的に培養した細胞などで置き換えるものだからです。

しかし、こうしたES細胞の医療への応用には、生命倫理上の問題もあります。ヒトの胚を用いた研究であるため、ヒトの胚を生命の萌芽とみなした場合、生命を人工的につくり出すことになります。そうすると、生命の尊厳をおかす可能性もあります。

ところが**近年、iPS細胞（人工多能性幹細胞）が新たに発見されました**。

iPS細胞はES細胞と同じように、ひとつの細胞が体を構成するあらゆる種類の細胞をつくり出す能力をもっています。しかし、**iPS細胞はES細胞と違い、ヒトの初期胚ではなく、大人の皮膚の細胞などに特定の遺伝子を導入することでつくることができます**。

患者自身の細胞からつくることができるため、ES細胞のような問題は生じません。さらに、個人に合わせた再生医療など、オーダーメイド治療にも活用できます。

そのため、**iPS細胞の今後の研究や医療への応用に大きな期待がかかっています**。

生殖医療

生殖医療とは、「人工授精」（夫の側に不妊の原因がある場合、妻の膣内に人工的に男性の精子を入れる）、**「体外受精」**（妻の側に不妊の原因がある場合、人工的に授精させて、それを妻の体内で育てる。妻にそうした能力が欠けている場合は、別の女性に出産を依頼する、代理母出産などがある）、「男女産み分け」などの医療行為のことです。

ここが使える

これによって、現在の医療は、子どものできない夫婦の希望にもかなり応じられるようになりました。しかし、その一方で、生殖医療には問題もあります。

夫婦以外の精子と卵子で子どもができた場合、遺伝子上の親と出産した親は別になります。すると、二人の親がいることになり、通常の親子関係とは異なる複雑な問題が生じます。また、優れた遺伝子をもつ男性の精子の売買などが行われる恐れもあります。

ここが使える

さらに、そもそも生殖医療は、医療行為として倫理上問題だという見方もあります。生命の誕生に技術が踏み込むことへの抵抗を感じる人も多く、そうした医療の倫理上の問題も考える必要があるでしょう。

脳死と臓器移植

腎臓移植など、元気な人が自分の意思でドナーとなる生体間移植は日本でも従来行われてきましたが、脳死による臓器移植は、１９９７年にようやく可能になりました。脳死を人の死とみなすことが、公に認められたためです。さらに、２００９年に法律が改正されて、本人の意思が不明でも、家族の承諾があれば臓器の提供ができるようになりました。

ただ、臓器移植はまだまだ日本ではそれほど進んでいないのが現状です。公に認められても、まだ心情的に脳死を人の死と認めるのに抵抗を感じる人が多いためです。

この背景には、文化的な価値観の違いもあります。

ここが使える

欧米では、キリスト教の影響で肉体よりも魂を重視します。魂が救われれば、肉体は魂の容れ物にすぎないので、どうなってもいいと考える傾向があります。しかし、**日本では、魂と同様、肉体も大事にします**。

そうしたこともあり、日本では脳死による臓器移植が進まない現状があるわけです。

すると、移植を受けたい患者は、海外で移植を受ける傾向が生まれます。

しかし、そのとき心配なのが、移植のための臓器がどうやって確保されるかです。貧困にあえぐ人が臓器を売ったり、臓器目的の誘拐などが懸念されています。

さらに、脳死による臓器移植自体にも心配な点があります。

たとえば、脳死による臓器移植をしたいばかりに、重態の患者の治療に力を入れない医師が出るかもしれません。そうした問題点もあることから慎重にならざるを得ず、それが日本での脳死による臓器移植が進まない一因にもなっています。

自分なりのネタを
追加しよう！

MEMO

3
看護のあり方

医療といえば、かつては医師の役割ばかりが重視されがちでした。

しかし近年、その重要性が大きくクローズアップされるようになったのが、看護師の役割です。

医療はいま、現象としての病から、病を抱えながら生きる人間を対象とするように、その見方が変化しています。人間としての患者に接する看護のあり方を考えることは、今日の医療のあり方全体を見渡すことにつながります。

看護師をめざす人はもちろんのこと、医学部をめざす人にとっても、看護の問題について、しっかりと考えておく必要があります。

課題

「患者とともに苦しみ、患者とともに喜び、患者の気持ちに共感する看護師が理想だ」という意見があります。

この意見について、あなたはどう考えますか。（600字以内でまとめてください）

課題の解説

一般的に、看護師には優しいイメージがあると思います。そうした昔からの看護師のイメージに加え、現在では、病に苦しむ患者の心をより重視し、課題のような看護師の理想像が語られるようになりました。

この課題では、そうした看護師の理想像について改めて考えることが求められています。この問題を考えるには、医療や病院のあり方の変化と、それに伴う看護師に求められる役割の変化の両方を、頭に置いておく必要があります。

近年、病気の治療を行う「キュア」に対して、患者のＱＯＬ（生の質）を重んじる「ケア」の考え方が広まっています。「キュア」と「ケア」が医療行為の両輪とみなされるようになりました。

そうした中で、看護師には「ケア」の役割がより求められるようになっています。患者の人格を重んじ、患者が何を医療に求めているかを感じ取るには、患者の肉体的な苦しみを医学的な知識で一律に判断するのではなく、患者の物の感じ方や価値観などを知る必要があります。そのうえで、一人ひとりの患者に合わせた適切な医療行為を行うと同時に、患者を人として励ますことが、「ケア」につながるのです。

そのためには、患者の立場に立って、患者に共感できなくてはいけません。とすると、

「患者とともに苦しみ、患者とともに喜び、患者の気持ちに共感する看護師」は理想的だと言えるでしょう。

しかし、その一方で、次のようにも考えられます。

患者は病に苦しみ、不安にさいなまれていることが多いものです。そんなとき、看護師まで患者と一緒に苦しんだり喜んだりと感情に流されていては、かえって患者は不安になります。看護師は、患者の気持ちに理解を示しながらも、明るく頼れる存在であるほうが、患者の気持ちも安定するはずです。

それに、看護師には患者のケアだけでなく、診療の補助をする役割もあります。客観的な観察力と冷静な判断力が求められます。感情的になって治療上の冷静さを失うことがあってはいけないわけです。

賛成の立場としては、「患者本位の医療」という考え方を明確にし、そのためには、一人ひとりの患者に寄り添い、人間的に接する必要があることを説明するといいでしょう。反対の立場としては、あまり感情移入しすぎると、看護師としての仕事がつとまらなくなることを説明するといいはずです。ただし、どちらかというと、この課題には反論はしにくいので、反論する場合には、明確な根拠が必要になります。

賛成の意見例

・医療の目的は、患者がよりよく生きるために、患者のＱＯＬ（生の質）に奉仕することにある。病という状態を健康な状態に戻すのは、そのための方法であって、それ自体が医療の目的ではない。患者がよりよく生きるには、患者の生きた感情も大切だ。看護師の仕事は、患者が病を克服して、よりよい生を得る手助けをすることにある。

・従来の医療は、患者の病という現象を見て、病を治すことに重点が置かれてきた。そのため、患者はひとりの人間としての主体性を奪われてきたとも言える。その反省から、患者の主体性を重んじ、自尊心に配慮し、生きた人間として見る医療へと、いまは変化してきている。看護師にも、患者の人間的な感情に対する配慮が求められている。

・患者にとって病とは、たんに肉体的な苦痛ではなく、それによってもたらされる精神的な不安や苦痛だ。そうした不安や苦痛は、患者の人間としての自尊心を弱めてしまう。看護師は治療にあたるだけでなく、患者の日々の療養生活の手助けをする。患者に近い立場にいる看護師は、患者の気持ちに寄り添い、患者を励ます必要がある。

反対の意見例

・患者は病に苦しみ、不安にさいなまれていることが多い。そうした患者に対して、看護師が一緒になって苦しんだり喜んだりして感情が不安定になっていては、かえって患者は不安になる。看護師は、患者にはいつも明るく接して頼れる存在であるほうが、患者の気持ちも安定するはずだ。

・看護師は、本来、病を治すための医療行為をするのが役割だ。そのために、患者の身の回りの世話もするし、各種の処置もする。それには、冷静さと客観性が求められる。

・看護師は、「ケア」と同時に「キュア」もこなす。治療上必要なときには、治療行為を患者に説得し、納得してもらわなくてはならないこともある。そんなとき、患者の気持ちに寄り添っているだけでは、何もできなくなる恐れがある。

・看護師は、患者の死を看取ることもある。そうしたとき、患者の死を重く受け止めすぎてしまうと、看護師自身も辛くなって仕事が続かなくなる。

賛成の解答例

看護師について、「患者とともに苦しみ、患者とともに喜び、患者の気持ちに共感する看護師が理想だ」という意見がある。はたして、この意見は本当に正しいのだろうか。

確かに、看護師は、患者の精神面だけを援助するのではない。本来、病を治すための医療行為をするのが看護師の役割だ。注射や点滴も、ひとつ間違えれば重大な結果を招く。ミスを起こさず、適切な処置を施すには、冷静さと客観性が求められる。しかし、それでもやはり、患者とともに苦しみ、喜び、患者の気持ちに共感する看護師こそが理想的だ。

患者にとって病の苦しみとは、たんに肉体的な苦痛ではなく、それによってもたらされる精神的な不安や苦痛も大きい。いくら治療の方法とその効果や副作用などを説明されても、患者は自分がどうなるのか、実感が湧くものではない。自分が自分で手に負えなくなった状態の不安や苦痛は、患者の人間としての自尊心を弱めてしまう。看護師は、治療にあたるだけでなく、患者の日々の療養生活の手助けをする。そのように患者に近い立場にいる看護師だからこそ、患者の気持ちに寄り添い、患者を励ます必要がある。そのためには、患者の立場に立ち、患者に共感する必要がある。

以上より、「患者とともに苦しみ、患者とともに喜び、患者の気持ちに共感する看護師が理想だ」という意見は正しいと考える。

反対の解答例

看護師について、「患者とともに苦しみ、患者とともに喜び、患者の気持ちに共感する看護師が理想だ」という意見がある。はたして、この意見は本当に正しいのだろうか。

確かに、看護師が患者の気持ちになって、患者に共感することも重要だ。従来の医療は、患者の病という現象だけを見て、病を治すことに重点が置かれてきた。そのため、患者は人間としての主体性を奪われてきたとも言える。その反省から、患者の主体性を重んじ、生きた人間としての患者の感情も見る医療へと、いまは変化してきている。しかし、だからといって、患者と一緒に苦しんだり喜んだりする看護師が理想的とは言えないだろう。

患者は病に苦しみ、不安にさいなまれていることが多い。たとえば、ガンの手術の場合、手術後は成功しても再発の可能性がないわけではない。そうした説明を聞かされた患者は、やはり不安になるだろう。そのとき、看護師が患者と一緒になって不安な表情を浮かべてしまったら、かえって患者の不安は増す。そうすると、手術に賭けてみようという患者の気持ちを励ますことにはならない。看護師は患者にはいつも明るく接し、冷静さを失わず、頼れる存在であるほうが、患者の気持ちも安定するはずだ。

したがって、「患者とともに苦しみ、患者とともに喜び、患者の気持ちに共感する看護師が理想だ」という意見は正しいとは言えない。

看護のあり方についての基礎知識

「キュア」と「ケア」が医療の両輪

ここが使える

「キュア」とは病気を診療し治療すること、「ケア」とは患者に対して精神的・身体的に援助することです。従来の医療がもっぱら「キュア」だったのに対して、現代の医療では「ケア」が重視されるようになってきています。

従来の医療が、病気の治療を第一に考え、ともすれば患者の病気だけを見て、ひとりの人間としての患者の人格を軽視してきたのではないかという反省と、それを踏まえた患者主体の医療という考え方の確立が、この背景にはあります。

ここが使える

医療の目的が、たんに病気の治療だけではなく、よりよい意義ある生を患者にもたらすものへと変化してきたわけです。そのため、患者の価値観や感情といった人間的な側面も尊重し、支援していくようになってきました。

それに伴い、看護師の役割も変化してきています。

ここが使える

近年、看護師は積極的に「ケア」を担う職種として、医療における重要性が増してきているのです。

病院での看護師の仕事は「患者の世話」と「診療の補助」

ここが使える

病院での看護師の仕事は、主に「患者の世話」と「診療の補助」の2つに分けられます。

「患者の世話」は、患者の身の回りの世話をするもので、衛生状態を保ったり、食事の世話や場合によっては排泄の介助をするほか、患者の不安を取り除く役目も果たします。

一方、「診療の補助」は、検温、注射、点滴、消毒などです。

そのような仕事を通じて、患者の回復の手助けをし、患者の家族にも精神的な援助をしていきます。

ここが使える

また、**病院外でも看護師の仕事があります。健康な人が健康な状態を保てるように、疾病の予防や生活改善のための指導などをする**ことです。

それには、病気のメカニズムを知っていることに加えて、患者の身体の状態だけでなく、精神的な状態を把握し、患者の家族や仕事、患者の人となりも把握する必要があります。

そして、人々の健康を保つためには、人々が生活する地域社会や学校、会社それぞれの多様な特性をつかめるような社会的知識も備えていなければなりません。

ここが使える

「キュア」から「ケア」へという変化は、看護師の仕事に、以前にも増して高い専門性と一般教養とを要求するようになっているのです。

「チーム医療」における看護師の重要性

現在、「チーム医療」が重視されています。

ここが使える

「チーム医療」とは、患者の病に応じて、医師だけでなく看護師、薬剤師、診療放射線技師、理学療法士、作業療法士などが連携し、チームワークで治療にあたることです。

「チーム医療」で、それぞれの職種の専門性を効果的に活かすには、情報の共有と、患者の容態の変化への素早い対応が不可欠です。

看護師は、患者の身の回りの世話もしているため、患者の情報を最も得やすく、容態の変化にも気づきやすく、なおかつ医師の治療方針も理解している立場にいます。

ここが使える

そのため、**看護師は各分野をつなぎ、円滑に機能させる調整役として重要な位置にいる**とも言えるのです。

「EBN」「看護治療学」の考え方

従来、看護師は、医師の下で医師の治療行為を補佐し、患者の世話をするものと考えられてきました。しかし現在、看護師は高度な専門性と一般的な知識とを兼ね備えた「ケア」の担い手として、場合によっては医師にも対等に意見できるように、地位の向上が進められています。

さらに、最近は「EBN」（科学的根拠にもとづく看護）も注目されています。

ここが使える

看護師はこれまで、臨床の現場で経験を積み、先輩たちから看護師としての知恵を受け継いできました。そうして**受け継がれてきた経験則としての看護の知恵を科学的に裏付け、技術として確立しようとする動きがあり、それが「EBN」（科学的根拠にもとづく看護）**です。

ここが使える

また、**治療をより効果的にするため、看護師のケアの技術を活かし、医療の両輪の一方である「キュア」につなげていく「看護治療学」という発想も生まれています。**

今後増える、看護師の病院外での活動

現代社会ではストレスが増大し、高齢化も進んでいます。ライフスタイルの変化から、生活習慣病も増えています。

そのような現代社会に生きる人々の健康への関心は高く、とくに病気とは言えないものの、いつ健康を損なうかわからない不安を抱きながら暮らしている人も多くいます。

ここが使える

そうした人々の健康を守るため、**今後、看護師は、病院外での活動も多くなっていく**と言われています。

たとえば、高齢者施設に常駐して健康管理にあたったり、在宅の高齢者の訪問介護と連携して適切な処置を行うケースが増えるはずです。また、学校や会社などでの健康管理や生活習慣改善の指導も、積極的に行うようになるでしょう。

看護師の労働環境を改善しなければならない

ここが使える

その一方で、**看護師の働く環境の厳しさが、いま問題になっています**。

看護師の仕事は、気力も体力も必要とします。

プライベートな悩みがあったり、精神的に不安定であったりしては、患者の前で明るく振る舞うことができません。患者の命をあずかる仕事ですから、少しのミスも許されず、気の緩みがあってはいけません。神経もすり減ります。

また、患者の身の回りの世話は意外と力仕事が多く、病院では24時間、交代で患者のケアにあたらなくてはなりません。勤務時間も、一定ではなく不規則です。

さらに、公立の病院では予算の都合から、私立の病院では経営の面から、看護師の数を十分揃えられないケースもあります。

そうした病院では、過労から健康を害したり、より条件のいい病院へと移る看護師もいます。そのため、残った看護師の仕事は、いっそう過酷になります。

ここが使える

そうした状況を改善するには、たとえば、**看護師の資格や経験もあるが出産を機に現場から遠のいている看護師に、パートタイムで働いてもらう制度を整備するなど、看護師の就労にある程度の流動性をもたせる工夫も必要**でしょう。

自分なりのネタを
追加しよう！

MEMO

4
ターミナル・ケア

医療の目的は、病を治し健康な身体に戻すことから、患者をひとりの人間として見ながら、患者のQOL（生の質）を高めることへと変化しています。

それに伴い、かつてはできるだけ患者の死を回避することが医療の役割でしたが、現在では、死は免れない末期の患者がどのような死を迎えるかも、患者の生のあり方として重視されるようになりました。

ターミナル・ケア（末期医療）とは、患者がQOL（生の質）を確保しながら末期を生き、そして来るべき死を受け入れるために行われる医療行為のことです。その意味で、現代医療の意義の大きな側面を考えることになります。

医療・看護系をめざす人にとっては、必ず押さえておかなくてはいけないテーマです。

課題

ターミナル・ケアでは、末期のガンなどで治癒の見込みのない患者に対し、治療のための薬ではなく、病気の痛みを抑える薬を使います。それに対して、そうした薬に頼るのではなく、もっと患者の心を大切にすべきだとの声も聞かれます。

ターミナル・ケアにおいて、苦痛を抑える薬を使うことについて、あなたはどう考えますか。（600字以内でまとめてください）

課題の解説

ターミナル・ケアでは、病気による身体的な痛みを抑えるために、モルヒネなどの医療用麻薬がよく用いられますが、一部でそれに抵抗を感じる人もいます。あくまで、精神的なケアを主体にすべきだというわけです。

課題は、そうした考え方を踏まえたうえで、ターミナル・ケアにおいて、苦痛を抑える薬を使うことについてどう考えるかが問われています。

ターミナル・ケアとは、末期の患者のＱＯＬ（生の質）を確保すると同時に、患者が死を迎え入れる準備をするための医療です。

そのためターミナル・ケアでは、通常の医療行為のように、病気を治すための治療は行いません。治る見込みがないのに、患者にいたずらに苦痛を与えないためです。

ターミナル・ケアにおいて苦痛を抑える薬を使う目的は、痛みを抑えることで患者のＱＯＬ（生の質）を確保することにあります。こうしたケアを「緩和ケア」といいます。

身体的な痛みは、それに耐えるだけで精一杯、あるいは死んでしまいたいとまで思わせ、患者を追いつめてしまいます。そうなっては、死を迎えるまでの日々が苦痛に満ちたものになり、ＱＯＬ（生の質）は確保できません。ましてや、精神的に安定して死を迎え入れるための心の準備はできません。そのために、医療用麻酔を用いるわけです。

しかし、痛みも含めて死の準備と考える人もいます。麻酔で身体的な感覚を鈍らせることは、人間の尊厳を脅かすと考える人もいます。

多くは、患者の痛みがどの程度のものか知らない、あるいは医療用麻薬は薬物中毒にはならないという事実を知らないためのものですが、中毒にはならないにしても、薬よりもカウンセリングなど精神面でのケアを主体にすべきだという考え方には一理あります。医療側も、身体的な苦痛の緩和に気をとられ、精神的なケアを怠りがちにならないとも限りません。

つまり、薬に頼るべきではないという立場にも、一定の説得力があるわけです。

以上のように、ターミナル・ケアの目的と、そこで用いられる痛みを抑える薬にはどのような意味があるか、また薬以外に、ターミナル・ケアにおいては何が重要なのかを考え合わせて、自分なりにイエスかノーかを論じるようにしてください。

ただ、ターミナル・ケアの目的と、実際の患者の状態を考えれば、薬による苦痛の除去を全否定することはできません。そのため、ノーの立場で論じる場合には、「薬に頼るべきではない」とまでしか言えないでしょう。イエス・ノーいずれにしても、患者本位の医療という大前提を忘れずに考えるようにしてください。

賛成の意見例

・ターミナル・ケアにおいて苦痛を抑える薬を使う目的は、痛みを抑えることで患者のQOL（生の質）を確保することにある。身体的な痛みは、それに耐えるだけで精一杯、あるいは死んでしまいたいとまで思わせ、患者を追いつめてしまう。そうなっては、死を迎えるまでの日々が苦痛に満ちたものになり、QOL（生の質）は確保できない。

・身体的な苦痛が大きいと、精神的な安定とはほど遠い状態になって、精神的に死を迎え入れる準備をする余地がなくなってしまう。医療用麻薬を用いて、まずは病気から来る身体的な痛みを緩和し、そのうえで精神的なケアをしていくのが最も現実的で望ましい。そうしたバランスの上に、ターミナル・ケアは成り立つ。

・身体的な痛みが大きいと、日々の生活にも支障をきたす。死期が迫った末期の日々も、患者自身が自分らしく生きられるように支援する必要がある。痛みに苦しんで、家族や親しい人と語らったりする貴重な時間を失ってもいけない。そのために痛みを取り除く薬を使うのは有意義だ。

反対の意見例

・手術のときなど一時的に麻酔を使うのならわかるが、たとえ中毒にならなくても、常時モルヒネのような麻薬を使うのは好ましくない。それは、人間の感覚を人工的に鈍らせ、人間を薬によってコントロールするようなもので、苦しみも含めた人間性の否定につながりかねない。薬を使うのはなるべく控え、痛みを和らげるほかの方法を工夫すべきだ。

・ターミナル・ケアは、いまは医療が主に担っている。そのため、薬を処方して痛みを取り除くなど、医療にとっては従来から慣れ親しんできたやり方に頼りすぎないとも限らない。そうすると、心理カウンセラーや宗教家などの協力も仰いだ精神面でのケアが手薄になる可能性がある。そうならないためにも、薬に頼りすぎるのは危険である。

・ターミナル・ケアは、患者が死を迎えるまでのＱＯＬ（生の質）を確保するのが目的だ。末期の患者にとっては、身体的な苦痛もさることながら、やがて来る死への不安が精神的に大きな苦しみとなる。そのため、ターミナル・ケアは精神的なケアを主体にするべきだ。薬による痛みの除去は、あくまでそれを補う方法にとどめるべきである。

賛成の解答例

ターミナル・ケアでは、病気から来る痛みを抑えるために薬を用いる。それに対して、薬に頼るのではなく、もっと患者の心を大切にすべきだとの声もある。では、ターミナル・ケアにおいて、苦痛を抑える薬を使うことは、本当に好ましいのだろうか。

確かに、薬に頼るべきではないという意見も一理ある。ターミナル・ケアは、患者が死を迎えるまでの生の質を確保するのが目的だ。末期の患者にとっては、身体的な苦痛もさることながら、やがて来る死への不安が精神的に大きな苦しみになる。その点では、ターミナル・ケアは精神的なケアを主体にして、薬による痛みの除去はそれを補う方法にとどめるべきだろう。しかし、それでも、身体的な苦痛を抑える薬の使用は必要だ。

身体的な苦痛が大きいと、精神的な安定とはほど遠い状態になって、精神的に死を迎え入れる準備をする余地がなくなってしまう。そうなると、残された日々が苦痛と不安にさいなまれるばかりになってしまい、生の質を確保しようにもできなくなってしまう。それでは、ターミナル・ケアの本来の目的を実現できなくなる。医療用麻薬を用いて、まずは病気から来る身体的な痛みを緩和し、そのうえで精神的なケアをしていくのが最も現実的で望ましい。そうしたバランスの上に、ターミナル・ケアは成り立っているのだ。

したがって、私は、ターミナル・ケアにおける痛みを取り除く薬の使用には賛成だ。

反対の解答例

ターミナル・ケアでは、身体的な痛みを抑えるために医療用麻薬を用いる。それに対して、そうした薬に頼るのではなく、もっと患者の心を大切にすべきだという声もある。では、ターミナル・ケアにおいて、苦痛を抑える薬を使うことは好ましいのだろうか。

確かに、ターミナル・ケアで薬を使用することにも、有意義な面はある。身体的な痛みが大きいと、日々の生活にも支障をきたす。死期が迫った末期の日々でも、患者自身が自分らしく生きることができるように支援する必要がある。しかし、ターミナル・ケアにおいて痛みを取り除く薬に頼るのは、好ましいことではない。

ターミナル・ケアは、いまは医療が主に担っている。そうすると、どうしても医療の得意な分野で対処しようとしがちになる可能性は否めない。薬を処方して痛みを取り除くというのは、医療にとっては従来から慣れ親しんできたやり方で、それに頼りすぎる傾向が出ないとも限らない。そうなってしまうと、薬で身体的な痛みを取り除くだけで、心理カウンセラーや宗教家などの協力も仰いだ精神面でのケアが手薄になる可能性がある。そうならないためにも、薬に頼るのはやめて、医療従事者以外のスタッフともバランスをとったチーム体制でターミナル・ケアを行うべきだ。

このように、ターミナル・ケアにおいては、痛みを取り除く薬に頼るべきではない。

ターミナル・ケア

ターミナル・ケアについての基礎知識

人にとっての死と医療

古来より、人間にとって、死は禁忌とされてきました。

ここが使える

死とどう向き合うかを考えることは、人間が思想や宗教を形づくってきた大きな要因のひとつと言えるでしょう。

人間は、本能に即して生きる動物と違って、自分を取り巻く世界の意味や自分の存在意義を考え、人間関係や社会の中で自己を位置づけながら生きています。

逆にいえば、人間は自己の存在を常に確認しながらでないと、生きていけません。そのため、肉体が失われたり、意識がなくなってしまうことへの恐怖をもちます。

ここが使える

従来、**医療が身体の健康を取り戻し、死を回避する技術として歩んできたのも、人々の死への恐怖に根ざしたもの**です。

いまや医療技術が進歩し、かなりの病気が治せるようになりましたが、それでも人は死を免れることができません。そこで、死を迎えるまでどう生きるか、どうＱＯＬ（生の質）を確保するかという問題に、医療は突き当たることになりました。

ここが使える

死を回避する技術だった医療が、よりよく死を迎えるためのものにもなってきたわけです。

全人的アプローチとは？

ここが使える

ターミナル・ケアは、末期患者のＱＯＬ（生の質）を確保すると同時に、患者が死を迎え入れる準備をするための医療です。

そのため、患者へのアプローチの仕方は、病気の治療の場合と少し異なります。

ここが使える

ターミナル・ケアの柱は2つあります。ひとつは、身体的に生の質を確保する**「緩和ケア」**。もうひとつは、患者を精神的に安定させ、残された期間をよりよく生きてもらうと同時に、死を迎え入れる準備をしてもらうための**「カウンセリング」**です。

ここが使える

ほかにも、患者が安心できるように経済的な問題に対処したり、介護者や家族など周囲の人間関係へのケアを行う「社会的ケア」も重要です。また、生と死の意味を説く**「霊的ケア」**も、時には必要でしょう。

そうしたさまざまなケアを、医師・看護師といった医療従事者だけでなく、栄養士や心理療法士、ソーシャルワーカー、宗教家などが連携して行うことが大切です。

ここが使える

このように、**身体の不調への対処だけでなく、広く人間的に患者に対するアプローチを行うことを「全人的アプローチ」と呼びます。**

「緩和ケア」と「痛みの除去」

死と向き合う病気の典型が、ガンです。

そのため、主に末期のガン患者に対して使われる手法は「緩和ケア」と呼ばれます。

ここが使える

緩和ケアは、治癒の見込みのない患者に対して行われるため、「キュア」（治療）ではなく、まさに「ケア」と呼ぶべきものです。

緩和ケアは、患者が死の瞬間を迎えるまで自分らしく生きられるようにすることが目的です。

そのため、患者が残された生に対して積極的になれるよう、身体的なケアだけでなく、心理カウンセリングなどの精神的なケアも含めた包括的なケアをチームで行います。さらには、患者の家族が肉体的にも精神的にも安定して患者に接することができるよう、患者の家族への支援も行います。

ここが使える

そうした**緩和ケアの中で現在、最も重視されているのが「痛みの除去」**です。

完治をめざす治療にも痛みは伴いますが、緩和ケアの場合は、いたずらに苦痛を与える治療はせず、病による痛みを取り除くことが主眼になります。痛みに耐えるばかりでは、精神的にQOL（生の質）を確保するのは難しいからです。

ここが使える

「痛みの除去」の手段で、最も用いられるのが医療用麻薬です。モルヒネなどが代表的で、使う量に上限はなく、痛みが強くなれば、それに合わせて薬を増やすことができます。

しかし、痛みを除去するためとはいえ、苦痛を取り除くために薬の力に頼ることに抵抗を感じる患者もいます。そうした場合は、医療従事者と患者がよく話し合い、どのように痛みをコントロールしていくかを決めるべきでしょう。

また、痛みの除去は、あくまでQOL（生の質）の確保のためであり、医療用麻薬に頼ることで、カウンセリングなどの精神的なケアがおろそかになってはいけません。

ここが使える

カウンセリングの重要性

ターミナル・ケアでは、カウンセリングによるメンタルケアも重要になります。

多かれ少なかれ、患者は病の身体的苦痛に加えて、死に直面して精神的な不安を感じています。そのため、死をいかに迎えるかという心の準備が必要になります。

患者は、生きてきた証の確認、親しい人との記憶の整理などをしながら、自分の生涯が意義のあるものだったことを再認識して、なるべく心を平穏にしながら生と死の意味を受け入れていきます。

それには、心理カウンセラーだけでなく、宗教家の助けも借りる場合があります。

ここが使える

日本でも広がるホスピスの役割

ホスピスは、治癒の見込みのない末期ガンなどで、通常の医療行為ではQOL（生の質）の確保が難しい患者に対して、精神的・肉体的な痛みを軽くするための機関です。

ホスピスというのは、「もてなしをする場」という意味で、「ホスピタル」（病院）や「ホテル」と語源は同じです。欧米では、キリスト教の教会が多く運営してきましたが、宗教心の薄い日本では、最近は医療機関が主体となって増えてきました。

ターミナル・ケアは、通常の医療行為とは異なるため、ホスピスのような機関があれば、そのほうが望ましいと言えます。

ここが使える

ただし、**日本の場合、自宅で最期を迎えたい患者も多いため、「在宅ホスピス」のあり方も模索する必要があります。**それには、ターミナル・ケアに通じた医療従事者、心理カウンセラー、ソーシャルワーカーなどによるチームでケアにあたる制度が必要になります。

ここが使える

ただし、ホスピスは、死期の近づいた末期患者ばかりのためのものではありません。ホスピスと聞くと、治癒の見込みがないと判断されたと思いがちですが、**ホスピスでは、ガンなどの治療に前向きな気持ちになるためのケアも行っています。**それを受けるチャンスがありながら、ホスピスを嫌がり、苦しい治療を続けてしまう患者も少なくありません。また、末期医療のためだけに特化された機関という認識は、ホスピスに入る末期の患者の気持ちも暗くしてしまいます。

ここが使える

希望のあるイメージをもって利用してもらえるように、ホスピスについては、まだまだ啓蒙していく必要があります。

自分なりのネタを
追加しよう！

MEMO

5
高齢者の介護

高齢者の介護の問題は、いま医療にとっても重要なテーマになっています。

高齢者は老化により、身体の機能や脳の働きが衰えます。そうした高齢者の介護は、医療・看護の問題と密接にかかわるものです。もちろん、「看護のあり方」や「ターミナル・ケア」などのテーマとも密接に関連しています。

これからさらに高齢化が進む以上、この問題は今後いっそう重要になっていきます。

医療・看護を志す人ならば、必ず考えておくべきテーマです。

課題

かつて、高齢者の介護といえば、自宅で家族がするのが普通でした。

しかし、現在は、自宅での介護は多くの困難を伴うことから、特別養護老人ホームなどの施設に入所して介護を受ける高齢者も増えています。

では、施設と自宅と両方の長所と短所を踏まえながら、施設での介護をもっと進めるべきか、あなたの考えを６００字以内でまとめてください。

課題の解説

課題では、高齢者の介護について、自宅での介護より施設での介護のほうがよいかどうか、高齢者介護はどうあるべきかが問われています。この問題では、自宅と施設の両方の場合の事情を考える必要があります。

かつては、高齢者介護は自宅で行うのが一般的でした。

しかし、核家族化が進み、三世代や二世代の同居が減ったこともあり、高齢者を自宅で介護し切れずに入院させるケースが増えています。すると、病院のベッド数の余裕がなくなり、病気の治療のために患者が利用するのに支障をきたす例も出てきています。

そこで、高齢者の介護は特別養護老人ホームなどの施設で行う方向へと進んでいます。こうしたことが課題の背景にあります。

高齢者には、歩けなくなるなど、体が不自由になる身体機能の低下があります。そのため、他人による手助けが必要になります。認知症の場合には、夜中に徘徊したり、記憶力の低下から、食事をしたばかりなのに食事を求めたりします。言語による表現力も衰えるので、コミュニケーションも困難になります。すると、なかには、いらだって暴力で何かを訴えようとする高齢者も出てくるかもしれません。

自宅での介護の場合、そうした高齢者の世話を、家族、とくに女性がひとりで抱え込むと、介護する側が疲れ切ってしまいます。介護は24時間目が離せないことから、人との交流が途絶え、介護する人は孤立感を深めるという悩みもあります。それに加えて、60歳の人が90歳の人を介護するという「老老介護」の問題も深刻です。

ただし、そうした自宅での介護の難しさに対しては、介護保険制度を用いた訪問介護によって、かなり対応できるようになっています。

高齢者の状態を把握して、介護支援専門員（ケアマネジャー）が介護計画を立て、介護福祉士（ケアワーカー）や訪問介護員（ホームヘルパー）が介護を受け持ちます。また、病気やケガなど医療行為が必要な場合は、医師や看護師の訪問診療もしてもらえます。

一方、施設の場合は、介護の専門家が常駐していて、一切の世話をしてくれます。その点では、高齢者自身も家族も安心です。しかし、慣れ親しんだ土地を離れ、他人と一緒に生活しなくてはならない施設での生活は、高齢者にとって大きなストレスになることもあります。それを嫌い、家族と暮らす自宅での介護を望む高齢者も少なくありません。

以上のようなポイントを念頭に置いて、賛成、反対、どちらの場合も具体的に考えるようにしてください。

賛成の意見例

・自宅での介護の場合、高齢者の世話を家族、とくに女性がひとりで抱え込むと、介護する側も疲れ切ってしまう。介護は24時間目が離せないことから、人との交流が途絶え、介護する人は孤立感を深めるという悩みもある。その点、施設で介護してもらえば、家族の負担が大幅に減る。

・核家族が増え、三世代や二世代の同居が減っている。また、社会の高齢化が一段と進んでいる。そのため、高齢者だけの世帯が増加し、家族に介護を頼めない高齢者が増えてきている。そうなると、訪問介護を利用しても自宅での高齢者介護には限界が生じる。高齢者施設を利用して、社会全体で高齢者の介護を行うようにするべきだ。

・最近では、高齢化が進み、介護される側だけでなく、介護する側も高齢者というケースが増えている。そうなると、介護する側の負担が大きい。介護する側も、いつ介護される側になるともわからない。施設での介護を進めることで、そうした問題を解決することができる。

反対の意見例

・慣れ親しんだ自宅や家族から離れ、他人と一緒に生活しなくてはならない施設での生活は、高齢者にとって大きなストレスになることもある。施設では、全体で決められた時間で生活のパターンが組まれるため、高齢者自身で好きなように生活できない。それを嫌い、家族と暮らす自宅での介護を望む高齢者も多い。訪問介護を利用するなどして、なるべく自宅で介護を行うのが望ましい。

・高齢者の中には、施設に入ると、活力を失ってぼんやりしてしまう人もいる。そうした高齢者でも、自宅に戻ると、いきいきとした活力を取り戻す例がある。自分で考え自分で生活のリズムをつくるため、自尊心がよみがえるからだと考えられる。

・施設での介護を進めるには、施設の数を増やさなくてはならない。だが、施設の数を増やすのにも限界がある。また、施設に入所するには、経済的な負担がかかる。そのため、誰もが施設に入所できるわけではない。やはり介護保険制度を利用し、訪問介護を活用しながら、自宅での介護を行うほうがよい。

賛成の解答例

かつて、高齢者の介護といえば、自宅で家族がするのが普通だった。しかし、現在では、自宅での介護は多くの困難を伴うことから、特別養護老人ホームなどの施設に入所して介護を受ける高齢者も多くなった。では、施設での介護をもっと進めるべきだろうか。

確かに、現状では施設での介護を進めるには限界がある。まず、施設の数が足りないので増やさなくてはならないが、それには限界がある。また、施設に入所するには、経済的な負担がかかる。そのため、誰もが施設に入所できるわけではない。しかし、そうした問題を解決しながら、高齢者施設での介護をもっと進めるべきだと思われる。

自宅での介護の場合、高齢者の世話を、家族、とくに女性がひとりで抱え込むと、介護する側も疲れ切ってしまう。介護は24時間目が離せないことから、人との交流が途絶え、介護する人は孤立感を深めるという悩みもある。介護保険制度を利用し、訪問介護のサービスを受けても、24時間態勢でサービスが受けられるわけではない。その点、施設で介護してもらえば、家族の負担が大幅に減る。施設なら、介護士だけでなく、看護師など医療との連携もスムーズになる。高齢者自身も、ほかの高齢者や家族以外の人との接点が増えることが刺激になり、気持ちに張りが生まれ、老化による衰えを防ぐ効果も期待できる。

したがって、今後は高齢者施設での介護を進めるべきだと考える。

反対の解答例

かつて、高齢者の介護といえば、自宅で家族がするのが普通だった。しかし、現在では、自宅での介護は多くの困難を伴うことから、特別養護老人ホームなどの施設に入所して介護を受ける高齢者も多くなった。では、施設での介護をもっと進めるべきだろうか。

確かに、施設での介護にもよい面はある。現代は核家族が増え、社会の高齢化も一段と進んでいる。そのため、高齢者だけの世帯が増加し、家族に介護を頼めない高齢者が増えてきている。そうなると、訪問介護を利用しても、自宅での高齢者介護には限界が生じる。高齢者施設の利用を進め、社会全体で高齢者の介護を行うようにすれば、そうした事態に対応できる。しかし、原則としては、自宅で介護を行うのが望ましい。

慣れ親しんだ自宅や家族から離れ、他人と一緒に生活しなくてはならない施設での生活は、高齢者にとって大きなストレスになることがある。それを嫌い、家族と暮らす自宅での介護を望む高齢者も多い。人間は、親しい人や長く暮らした土地とのつながりで、アイデンティティを保っている面がある。それは高齢者でも同じだ。身体の機能の低下などの介護を必要とする老化現象への対処のためだけに、安易に施設入所を考えるべきではない。訪問介護を利用するなどして、なるべく自宅で介護を行うのが望ましい。

したがって、施設での介護を進めるべきではないと私は考える。

高齢者の介護についての基礎知識

「老老介護」や「介護疲れ」など高齢者介護の問題点

社会全体の高齢化が進み、自宅での高齢者介護では、介護する側もすでにかなりの高齢になっているケースが多くなっています。80代や90代の高齢者を、60代の人が介護するという「老老介護」も、いまや珍しくありません。

ここが使える

また、かつては介護が女性の仕事でしたが、そうした状況はいまも残っています。自宅での介護の場合、高齢者の世話を家族、とくに女性がひとりで抱え込みがちになります。介護は24時間目が離せないことから、人との交流が途絶え、孤立感を深めてしまい、介護する側も疲れ切ってしまうという「介護疲れ」の問題もあります。

ここが使える

そのような状況をなくすために、介護保険制度を利用した訪問介護や、高齢者施設の利用を進める必要があります。それと同時に、介護する人の負担を少しでも減らせるように、ボランティアによる手助けや、行政の整備も必要でしょう。

軽い場合は自宅で、その後は高齢者施設へ

高齢者といっても、介護を必要としない元気な人もいます。そうした人には将来、なるべく介護を必要としないように、健康管理や自立した生活を営めるように支援していく必要があるでしょう。

しかし、高齢になると、どうしても多かれ少なかれ介護の必要が出てきます。高齢になると、筋力なども衰えてきます。病気やケガの回復力も低下します。そのため、ちょっとのはずみで転んで骨折し、そのまま寝たきりになることもあります。また、人の手助けなしには日常生活が送れなくなったり、認知症になる場合も少なくありません。そうすると、どうしても介護が必要になってきます。

ここが使える

介護の必要性が軽い場合は、自宅での介護が主体となります。

家族だけで介護できる場合もありますが、できることなら、介護保険制度を利用して、訪問介護や入浴サービスなどを受け、専門家と連携しながら介護を行うのが望ましいでしょう。高齢者施設に定期的に通う、デイケアなどのサービスを利用する方法もあります。

そのうえで、**介護の必要性が増えた場合は、特別養護老人ホームなどの高齢者施設への入所も考えるべき**でしょう。

「介護＝至れり尽くせりのサービス」ではない

いずれにしても、**高齢者本人の能力をなるべく活用し、できるだけ自立できるように援助することが介護の大原則**です。

介護というと「至れり尽くせりのサービス」だと考えられがちですが、それは高齢者の自立を妨げることにつながりかねません。高齢者の能力の衰えを加速させることにもなり、結果的に、家族の負担も増してしまいます。**世話を焼きすぎるのは、あまり望ましいことではない**のです。

高齢者が日常生活の中で、自分でできることは自分で行うことが、身体機能を維持し、精神的な活力も保つことにつながります。

介護を行うには、そうした点に注意が必要です。

認知症の介護

高齢者の介護を考えるとき、避けて通れないのが認知症です。

認知症は、老化により脳の働きが低下することで起きます。記憶力が衰えたり、目を離すと遠くに出掛けて徘徊することもあります。つじつまの合わないことを言ったり、介護している人を非難することさえあります。

ここが使える

寝たきりの高齢者を介護することも大変ですが、認知症の介護の大変さはそれ以上とも言えます。

しかし、認知症だからといって、自尊心が失われているわけではありません。きつく当たったり、子ども扱いするようないい加減な対応をしていると、高齢者の自尊心を損ねてしまいます。そのため、誠実な対応をとらなければなりません。

もうひとつ、認知症には別の大きな問題があります。

現在の医療では自己決定を原則としていますが、認知症の場合、判断力を失っていることが少なくありません。しかし、だからといって決定権を認めないと、認知症を利用して、その財産などを奪おうとする者が出てくる恐れもあります。そうした場合には、周囲の人が気をつけたり、公的な成年後見人をつけることなども考えなければなりません。

公的介護保険制度とは

介護の必要な高齢者が増えたため、昔のような福祉のあり方では対応できなくなっています。そこで考えられたのが、公的介護保険制度の創設です。

ここが使える

従来は「保険」「医療」「福祉」に分かれていた高齢者介護への対応をひとつにまとめ、40歳以上が自治体を保険者として保険をかけて、利用者（被保険者）である高齢者自らが事業者を選択し、直接契約により介護サービスを受けようというのが、公的介護保険制度です。

もちろん、高齢者の介護は、公的介護保険制度だけで解決できるような問題ではありません。家族による介護やボランティアの手助けなど、社会全体で取り組む必要があるでしょう。しかし、公的介護は、必要不可欠なひとつの方法と言えます。

高齢者施設の拡充が急務

現在、施設の絶対数の少なさから、施設に入りたくても入れない待機中の高齢者や、低所得のために施設に入れない高齢者の存在も問題として浮上しています。また、料金の安さを売りに安易な運営を行っている施設で、火災などの事故が起きて社会問題化したこともあります。

高齢者施設の設備や体制を充実させる規定を厳密に定めるだけでなく、民間が運営する場合、経営が行き詰まらないように何らかの補助制度を整備するなどして、高齢者施設の拡充をはかる必要があります。

ここが使える

最近では、**高齢者向けの介護サービスつきマンションといった、自宅での独り住まいと施設の中間的な性格の住宅**もあらわれています。これなら、施設の不足を補い、なおかつ、なるべく自立した生活をしたくて施設への入所に抵抗を感じる高齢者のニーズにも応じることができます。

しかし、これも高齢者が比較的元気な場合に限られます。

ここが使える

介護の必要度が高くなると、やはり施設へ入所しないと対応が難しくなります。その意味でも、高齢者施設の整備をもっと進める必要があるでしょう。

自分なりのネタを
追加しよう！

MEMO

6
病院のあり方

病院のあり方は、医療について考えるうえで大きな問題です。

患者本位の医療が主流になってくるにつれて、病院に求められるものも変わってきています。医療従事者の多くはそうした医療機関で仕事をすることになるので、この問題を考えないわけにはいかないでしょう。

もちろん、これはたんに施設面だけの問題ではなく、病院を中心とした医療体制すべてにかかわる問題です。地域医療のあり方、医療機関のネットワーク、そしてチーム医療など、さまざまな問題がかかわってきます。バイオエシックスや看護、介護の問題とも、当然つながりがあります。

そうした問題との関連も意識しながら、ぜひ知識を整理しておいてください。

課題

次の文章を読んで、これからの病院のあり方について、あなたの考えを６００字以内でまとめてください。

課題文

病院の雰囲気も、かつてと比べて、ずいぶん様変わりをしてきた。

子どものころは、病院に行くのが怖かった。病院のあの独特のいかめしい雰囲気や、殺風景な様子が嫌だったのだ。病弱だった私は、いろんな医師や看護師にお世話になったし、その人たちの多くは子どもにはとても優しかったが、病院全体にはなんとなく、人を人とも思わないような雰囲気が漂っていた。

いまでも病院に好き好んで行きたくはない。だが、それは自分の健康状態に面と向き合うのが嫌だからであって、病院に行くことそのものには、それほど抵抗を感じなくなった。

それは、ごく単純に、「人間らしい」病院が増えたからだと思う。窓口では笑顔で迎えられ、待合室の椅子も座りやすくなった。待ち時間を不安を抱えて過ごすことのないような演出を施している病院も少なくない。考えてみれば、これは客商売である以上、どこの店でもやっていることなのだが、その当たり前のことが、これまでの病院では例外的なことだったのだ。

もちろん、医療機関である以上、最新の設備を備え、高い機能性をもっているに越したことはない。だが、私のように日常的に病院にお世話にならざるを得ない人間にとっては、多少機能性が低くても、ホスピタリティが感じられ、ストレスなく通える快適な病院のほうが、ずっと好ましいのである。

課題の解説

課題文の筆者は、かつての非人間的でいかめしい雰囲気から、患者本位の人間的な病院が増えたという自分の体験を述べたうえで、「高い機能性をもっている病院より、ホスピタリティの感じられる病院のほうが好ましい」とまとめています。

つまり、「これからの病院は、機能性より快適さ（アメニティー）を重視するべきだ」と暗に主張しているので、この主張が正しいかどうかを問題提起すればいいわけです。

課題文にもあるように、かつての病院は、快適さよりも機能本位で、患者が過ごしやすいようにではなく、医師や看護師が仕事をしやすいようにつくられていました。

患者の使い勝手を考えたり、患者の不安を和らげるような配慮をすることは、ほとんどなかったと言えます。たんに設備がそうだというのではなく、「3時間待ちの3分間診療」などと言われるように、病院のシステム全体がそうでした。もちろん、いまでもそういう病院は少なくありません。

こうなったのは、近代医学に特有の人間観によるところが大きいと言えます。

近代医学は、人間の身体のみを対象とし、また身体を一種の機械とみなしました。そこでは、医師や看護師はいわば技術者として、受け身の患者に対して、できるだけ効率的な医療をすることが望まれます。その際、患者の人間的な感情などを考慮すると、かえって効果的な医療の妨げになるというわけです。

しかし、現在は、「患者本位の医療」という考え方が主流になってきています。患者のＱＯＬ（生の質）をできるだけ重視し、患者と全人格的にかかわることが、医療行為の大原則となっています。

そのため、病院も、患者が気持ちよく過ごせるように、もっと快適さや利便性を追求するべきだと考えられるようになってきました。待合室や病室などの施設面だけでなく、医療従事者が患者に接する態度なども含めて、もっと患者を人間らしく扱うべきだとされるようになってきています。

とくに入院患者にとっては、病院で過ごす時間は、日常生活の延長です。患者を人間らしく扱い、ふだんと変わりなく生活できるようにすることは、患者が病気と平静に向き合えるようにするためにも必要なことでしょう。

基本的にはこの課題にノーで答えるのは難しいので、原則としてはイエスで答えて、自分が現代的な医療の理念をきちんと理解していることをアピールするのが正攻法です。

とはいえ、病院が快適さのみを追求することにも当然問題があるはずなので、そうしたことを考えるためにも、ノーの意見もしっかりと考えておく必要があります。

・医療の主体は医師ではなく、あくまで患者である。医師は患者と対等の立場に立って、患者をサポートする必要がある。従来の病院では、患者の人間性があまり考慮されていなかったが、それでは患者が医師と対等な関係を築けない。患者が医師に対して気後れしないように、患者のことを第一に考えた病院づくりが必要だ。

・患者の心理が病状に与える影響は、決して小さくない。患者が自分の病状に対して強い不安を抱いていると、治療効果も上がりにくい。病院を快適な空間にして、患者の心理を安定させることで、患者も落ち着いて治療にのぞむことができ、治療効果も上がるはずである。

・長期の入院患者にとっては、病院での生活が日常になる。機能本位で快適さが犠牲にされている環境では、患者の気持ちが安らぐ暇がない。病院の中でも日常とのつながりをもてるように、患者が人間らしく過ごせるような環境にしてこそ、患者も気が休まって、また病気に立ち向かう気持ちになれる。

反対の意見例

・医療の目的は、患者を治して健康体に戻すことにある。病院は、その目的を実現するための最適の場でなければならない。そのために病院は、患者を効果的に治療するための最新の設備を充実させることを優先するべきだ。快適さを追求するあまり、機能性が犠牲にされるようなことがあってはならない。

・患者にとっての快適さは、医療従事者にとっては効果的な治療の妨げになる場合もある。患者の病状が急変したり、生命の危機にある患者が運び込まれた場合のために、ある程度快適さを犠牲にして、医療従事者がすみやかに行動できる環境にするのは、やむを得ないことである。

賛成の解答例

課題文の筆者は、機能性より快適さを重視する患者本位の病院のほうが好ましいと述べている。では、これからの病院は、機能性より快適さを重視する病院であるべきだろうか。

確かに、病院には、快適さより機能性を重視すべき面もある。病院はあくまで病気を治す場所であり、そのためには医療従事者ができるだけ効率的に仕事ができなければならない。快適さを追求するあまり、医療行為の妨げになるようなことがあれば、それは本末転倒だろう。しかし、原則としては、これからの病院はもっと快適さを重視するべきである。

治療行為の主体は、医師ではなくて患者である。医師は患者に正確な情報を与え、患者の同意にもとづいて治療方針を決める。そのためには、医師と患者が対等の関係でなければならない。ところが、従来の病院では、患者の人間性を考慮せず、医師がいかに効率的に治療を進められるかということばかり考えられてきた。それでは、患者は医師の指示を受け取るだけの立場に置かれてしまう。患者の不安を和らげ、また患者が医師に対して気後れしないように、患者本位の快適な環境を整える必要がある。そうすることで、患者も病気に対して平静な状態で向き合い、医師とも対等な協力関係を結べるようになるはずだ。

以上のように、私も課題文の筆者と同じように、これからの病院は機能性よりも快適さを重視するべきだと考える。

反対の解答例

課題文の筆者は、かつての非人間的な雰囲気から、患者本位の人間的な病院が増えたという自分の体験を述べたうえで、「機能性の高い病院より、快適な病院のほうが好ましい」と言っている。はたして、これからの病院は機能性よりも快適さを重視するべきだろうか。

確かに、従来の病院はあまりに機能本位だったため、患者に不要な緊張を強いるところがあったのは否定できない。医療の主体はあくまで患者であり、患者が安心して治療に向き合えるような環境を整えることは、当然のことだろう。しかし、だからといって、快適さを追求するあまり機能性を犠牲にするのは、決して好ましいことではない。

医療の目的は、あくまで病気を治療して患者を健康体にすることだ。病院は、その目的を実現するために、最適の環境でなくてはならない。とくに入院患者に対しては、病院の中で快適な日常を過ごせるより、一日も早く健康を回復して日常生活に復帰できるように手助けする必要がある。そのためには、最新の医療設備などを充実させるほうが、むしろ患者のためになる。ホテルのように快適さばかりを追求して、患者の治療を効果的に進めるための病院本来の機能がおろそかになるようでは、本末転倒ではないだろうか。

以上のように、私は快適さを重視するあまり、機能性を軽視するような病院のあり方は好ましくないと考える。

病院のあり方についての基礎知識

「病気を治す」以外の病院のさまざまな役割

健康な人にとっては、病院のイメージはせいぜい「病気になれば行って、治療をしてもらう場所」くらいのものでしょう。

ここが使える

ただし、最近では定期的に病院で健康診断を受けている人も多く、**病気を治すだけでなく、病気を発見することも病院の重要な役割になっています。**

ここが使える

また、高齢化が進み、予防医療が重視されるようになってきたため、**患者の健康状態を把握し、健康維持のための適切なアドバイスを行うことも、病院の役割のひとつになってきている**と言えます。

そして、地域の医療機関は地域医療を支える拠点として、地域住民の健康的な生活をサポートし、地域を活性化するという役割も求められるようになっています。

大病院の「3時間待ちの3分間診療」問題

ここが使える

現在でも、大学病院などの大きな病院では、**「3時間待ちの3分間診療」**などと言われて、待ち時間の長さに比べて、診療時間があまりに短いことが問題視されています。

原因はさまざま考えられます。

ここが使える

診察時間が3時間でも3分間でも診察料は同じという診療報酬制度の問題（だから大病院では、できるだけ多くの患者を診なくては経営が成り立たない）や、**医師や看護師の数が絶対的に不足している問題**もあります。

また日本では、医療費の自己負担が少なく、自由に病院を選べるために、患者がちょっとした病気や体の不調でも、設備の整った大病院に行きたがる傾向にあります。

しかし、患者が大病院の外来に集中すれば、一人ひとりを十分に診る時間がとれません。そのために、ちょっと時間が空いたときなどに気軽に行けない場所に、病院がなってしまっているという面もあるのです。

「かかりつけ医」の見直し

こうした現状を踏まえて、最近、「かかりつけ医」の役割が見直されています。

ここが使える

「かかりつけ医」とは、「ホームドクター」「家庭医」とも呼ばれ、地域の患者の相談に乗り、健康管理上のアドバイスをし、専門にはとらわれずに幅広く疾病一般を診る医師のことです。

患者にとっては、ふだんから気軽に診てもらえて、自分の健康状態や生活習慣、過去の病歴まで把握してくれている存在です。

患者は異常を感じたとき、まずこの「かかりつけ医」に相談し、「かかりつけ医」は患者の状態を総合的に判断して、適切に対処します。そして、より高度な医療が必要と判断した場合のみ、大病院の専門医を紹介します。

ここが使える

このように、**プライマリ・ケア（初期医療）を地域のかかりつけ医が、より高度な医療を大病院の専門医が受け持つことで、大病院のもつ高度な設備や技術をさらに有効活用できる**のです。

「3時間待ちの3分間診療」ではできない、人間的でかつ機能的な医療が実現できると言えます。

現在、厚生労働省は、こうした医療機関の役割分担を、積極的に推し進めようとしています。

こうした医療体制を実現するためには、各医療機関が役割分担をはっきりさせ、すみやかに連携をとれるようなネットワークづくりが必要不可欠です。

地域医療

ここが使える

「かかりつけ医」の役割は、地域医療の考え方においてもきわめて重要です。

地域医療の理念とは、ひとことで言えば、地域全体で地域の住民の健康を支えていこうというものです。

そのためには、たんに病気の治療だけでなく、定期的な健康診断、地域に住む高齢者や障害者の生活支援、在宅医療のサポート、子育て支援、住民の健康相談など、さまざまな取り組みが必要になります。

地域の病院や診療所には、自治体などと協力しながら、そうした取り組みを通じて地域住民の健康を守る役割が期待されます。

ここが使える

高齢化が進む今後の社会では、地域に密着し、患者の健康管理全般を受け持つ「かかりつけ医」の役割は、ますます大きくなっていくでしょう。

たらい回しの背景とは

近年、医療関係でよく新聞やテレビで話題になるのが、いわゆる「たらい回し」の問題です。

救急患者が、医師不足やベッド不足を理由に病院に受け入れを拒否され、たらい回しにされることです。そのために患者が命を落としてしまうケースもあり、社会問題にもなっています。

ここが使える

「たらい回し」問題の背景には、医療現場の深刻な現状があります。

もともと日本では、医療従事者の絶対数がほかの先進国に比べて少ないうえに、大都市に集中しています。そのうえ医療費の削減が進み、地方では経営破綻する医療機関も増えています。

また、近年は医療訴訟が増え、医療行為における医師の責任が厳しく追及されるようになりました。そのため、産科などの医療ミスを問われやすい分野には、医師のなり手が少なくなるなどの問題も生まれています。

「たらい回し」が問題になった病院をはじめ、地方の病院の多くは、こうした医師不足を背景に、一人ひとりの医師や看護師が、過酷な労働を強いられているという現状があります。

何より問題なのは、このままでは妊婦が地元で出産できず、高齢者も身近な場所で医療が受けられないなど、地方の人々が安心して生活できなくなることです。

ここが使える

医師の労働環境を改善し、地方の医療体制を充実させるために、行政が率先して取り組むことが求められているのです。

自分なりのネタを
追加しよう！

MEMO

7
ノーマライゼーション

ノーマライゼーションは、現在の福祉においては最も重要な概念のひとつです。それだけでなく、現代の医療・看護は、この概念なしには語ることができません。

したがって、ノーマライゼーションが生まれた背景や、現在の日本でどのように受け入れられているかということも含めて、しっかりと理解しておく必要があります。

この考え方は、障害者の問題に関して語られることが少なくありませんが、高齢者の問題ともかかわりがあります。その点も、ぜひ知っておいてください。

また、ノーマライゼーションと関連してしばしば使われる「バリアフリー」「ユニバーサルデザイン」などの用語の意味も、正確に理解しておくといいでしょう。

課題

ノーマライゼーションの理念が広まるにつれ、福祉施設に対する考え方が変わってきました。

かつては、福祉政策とはまず施設をつくることであり、障害者や高齢者を施設に入れて保護することに重点が置かれてきました。

しかし、ノーマライゼーションの理念が広まるにつれて、障害者や高齢者を施設で保護するのをやめ、むしろ地域の人と共生できるようにすることが大切だと考えられるようになってきました。そのため、日本でも、「脱施設」へと福祉政策を転換する動きが出てきています。

こうした変化について、あなたはどう考えますか。（600字以内でまとめてください）

課題の解説

「ノーマライゼーション」は、福祉だけでなく、現代の医療・看護について考える際に重要な考え方のひとつです。「等生化」などとも訳されますが、ひとことで言えば、障害者や高齢者も、特別扱いせず、健常者（障害がなく、日常生活に支障のない人）と同じように暮らせるようにするべきだ、という考え方です。つまり、障害者・高齢者と健常者を区別することなく、共に生活できるようにするのが望ましい社会のあり方だというわけです。

「ノーマライゼーション」といえば、「バリアフリー」を思い出す人もいるかもしれません。障害者や高齢者が社会生活を送るうえでぶつかるさまざまな障壁を取り除こうとする動きのことです。駅にエレベーターを取り付けたり、建物の出入り口にスロープをつけたりするのを「バリアフリー＝ノーマライゼーション」だと思っている人もいますが、「ノーマライゼーション」はもっと福祉のあり方の根本にかかわる問題です。

課題でも触れられているように、かつては、福祉政策といえば、福祉施設をつくることでした。たとえば、障害者は施設に入れ、そこで生活に困らないように保護し、世話をするというのが、障害者福祉の基本的な考え方でした。

しかし、それは福祉を名目に、障害者を健常者から隔離することにもつながります。この状態では、障害者は社会から排除されたまま、自立することができません。

それに対して、1960年代に、「障害者などを社会から排除するのではなく、彼らが社会の中で健常者と共生できるようにすることが、真の福祉のあり方だ」という考え方が生まれました。それが、「ノーマライゼーション」の考え方です。

この考え方に従えば、障害者などを施設に入れるのではなく、逆にできるだけ地域社会で受け入れ、健常者と同じように生活できるようにするべきだということになります。

そのため、「ノーマライゼーション」が早くから浸透した北欧などでは、福祉施設をだんだん縮小・解体させる「脱施設」の方向に向かうことになりました。

ところが、日本ではこれは必ずしもうまく行っていません。

「ノーマライゼーション」の理念が先進国に広まった1960年代以降、日本では逆に高度成長の波に乗って、福祉施設を整備・拡充する方向に向かいました。日本の福祉政策が、他の先進国と同様に、施設中心から「脱施設」へと転換しはじめたのは、ここ十数年のことです。一般にも、ノーマライゼーションの考え方が十分浸透しているとは言えません。

こうした現状を考えればイエスで答えるほうが論じやすいのですが、「ノーマライゼーション」の理念と施設の意義は必ずしも両立しないわけではないので、ノーで答えることも可能です。その場合も「ノーマライゼーション」の理念そのものは否定してはいけません。

賛成の意見例

・健常者が障害者や高齢者を特別扱いするのは、彼らのことをよく知らないからだ。施設に入っていると、どうしても社会から隔離されて、健常者と触れ合う機会を奪われてしまう。施設をなくし、障害者と健常者が日常的に触れ合えるようにすれば、障害者への偏見も少なくなり、ノーマライゼーションが進むはずだ。

・「施設に入っている」というだけで、障害者や高齢者を特別扱いし、自分たちとは違う人たちだとみなす風潮がまだある。施設の存在が、障害者への偏見を強めている面は否定できない。施設を縮小し、なくしていくことで、健常者の意識も変わり、障害者も自分たちと同じ社会に生きる仲間なのだとみなすようになるはずだ。

・これまで日本の福祉政策は、施設をつくってそこに障害者を入れることで満足してきた面がある。そこでは入所者は保護の対象として扱われ、自立する機会を奪われていた。「脱施設」をめざして施設を縮小・解体することは、障害者の自立を促し、自分らしい生き方を取り戻させるためにも必要なことだ。

反対の意見例

・一口に障害者といっても、障害の内容や程度はさまざまだ。社会の中で健常者と同じように生活することが困難な障害者も多い。そうした人々にまで「脱施設」を押しつけることは、むしろ福祉の理念に反する。施設の必要性を一方的に否定するのではなく、障害者のニーズに対応した新たな施設づくりも視野に入れる必要がある。

・現在の日本では、ノーマライゼーションの意識が人々に十分浸透しているとは言えず、障害者を地域に受け入れるための制度や条件も整っていない。それなのに、施設の縮小・解体を進めても、むしろ障害者や高齢者に余計な負担を与え、困難を強いるだけになってしまう。

・「脱施設」をめざす前に、まずは障害者などを受け入れる社会的環境を整えることが重要だ。

賛成の解答例

ノーマライゼーションの理念が浸透し、日本の福祉政策も、施設中心から脱施設へと考え方が変わってきている。この動きを、もっと進めるべきだろうか。

確かに、現状のまま脱施設を進めることには問題もある。障害者などを地域に受け入れるための制度や条件も整っていない現状では、施設を出たあとの障害者の生活を保障することができない。地域社会に、余計な混乱を招く恐れもある。その意味では、施設の縮小・解体にあたって、しっかりとその地域の実情を見極める必要がある。しかし、原則としては、脱施設を進めるべきだ。

ノーマライゼーションの最大の障壁は、健常者が障害者に対してもっている偏見だろう。彼らを特別扱いし、どこか劣った存在として見てしまう。それは、お互いのことを知る機会を奪われているからだ。施設に入っていると、障害者はどうしても社会から隔離され、健常者も彼らのことを知る機会をもてないままになってしまう。施設をなくし、障害者を地域社会に受け入れることで、障害者と健常者が日常的に触れ合えるようにすれば、障害者への偏見も少なくなる。そうして、障害者も自分たちと同じ社会に生きる仲間なのだと健常者が理解するようになれば、ノーマライゼーションも一気に進むはずだ。

このように、私は、脱施設の動きをもっと進めるべきだと考える。

反対の解答例

日本でもノーマライゼーションの理念が福祉政策に反映されるようになり、障害者などが地域社会で健常者と共生できるように、福祉施設を縮小・解体していくべきだという考え方が出てきている。この考え方は、正しいのだろうか。

確かに、施設の存在がノーマライゼーションの浸透を妨げてきた面はあるだろう。施設にいることが社会からの隔離につながり、健常者の障害者に対する偏見を助長することもある。障害者と健常者の交流の機会を増やすことは、ノーマライゼーションの実現にとって不可欠だ。しかし、だからといって、施設の存在意義まで否定することはできない。

一口に障害者といっても、障害の内容や程度はさまざまだ。たとえバリアフリーが進んでも、健常者と同じように社会の中で生きていくのが困難な障害者も少なくない。とくに知的障害者の中には、自立して生活するのが難しい場合もあり、そうした人たちに対しては、福祉関係者による継続的な支援が必要となる。社会の中になかなか居場所をもてない障害者の生活の基盤として、施設のもつ役割は大きい。脱施設を進めることで、障害者から生活の基盤を奪うことになる恐れもある。施設の必要性を一方的に否定するのではなく、障害者のニーズに対応して新たな施設のあり方を模索することが必要だ。

以上のように、私は、福祉施設の縮小・解体にはもっと慎重であるべきだと考える。

ノーマライゼーションについての基礎知識

「ノーマライゼーション」とは？

「ノーマライゼーション」はもともと、知的障害者が施設の中で非人間的な扱いを受けていることに対する告発から始まった考え方です。

障害者を保護のために施設に入れることは、彼らを一般社会から隔離して、排除の対象とすることにもつながります。その結果、障害者は他者とのつながりを失って、自分らしく生きる権利を奪われる恐れがあります。

ここが使える

それに対して、**障害者を施設から解放し、地域社会で受け入れて、地域全体で障害者の自立を支えていこうとするのが、「ノーマライゼーション」の出発点**です。そうすることで、障害者もより人間らしく、自分らしく生きられるようになるというわけです。

この考え方は、障害者に関して論じられることが多いのですが、もちろん高齢者などにも当てはまります。高齢になれば、日常の生活の中でさまざまな支障を感じることがどうしても多くなるからです。

今後さらに高齢化が進むことを考えると、「ノーマライゼーション」の実現は、これからの社会に課せられた緊急の課題のひとつと言えるでしょう。

「ノーマライゼーション」を実現する――①「バリアフリー」の考え方

「ノーマライゼーション」の実現を具体的に推進する考え方が、「バリアフリー」と「ユニバーサルデザイン」の2つです。

「バリアフリー」は障害者が社会で生活するうえで障害となるものを取り除くことです。

駅に階段しかなければ、足の不自由な人は、自分の力だけで上ることはできません。段差があれば、車椅子の人は建物に入るだけでも、人に助けてもらう必要があります。

こうしたことは、障害者にとっては、たんに物理的な障害であるだけでなく、心理的な障害にもなります。ちょっと町に出るにも、他人の手を借りなくてはならないとしたら、心の負担を感じてなるべく家から出ないようにするでしょう。

そうした心理的な障壁をなくし、障害者も積極的に社会参加ができるようにするために、障害者が困難に感じる要素をできるだけなくす必要があるわけです。

また、**「心のバリアフリー」という考え方もあります。**

健常者は、障害者を「手助けが必要な存在」として、どうしても特別視してしまいます。**障害者にとっては、特別視されることが社会活動をするうえで最も大きな障壁**にもなります。そうした意識のうえでのバリアを取り除き、同じ社会の仲間としてお互いに認め合うことが大切です。

そのためにも、**障害者と健常者が積極的に触れ合い、交流できるような機会をもっと設ける必要がある**でしょう。

「ノーマライゼーション」を実現する——②「ユニバーサルデザイン」の考え方

「バリアフリー」の考え方が発展したのが、「ユニバーサルデザイン」です。**「ユニバーサルデザイン」は、「障壁を取り除く」という発想から一歩進み、最初から健常者や障害者といった区別なく、誰もが平等に使いやすいように施設などを設計する**ことです。

たとえば、車椅子の人がバスに乗れるように乗降機をつけるのは「バリアフリー」ですが、誰もが乗りやすいように最初からバスの床面を低くしておくのは「ユニバーサルデザイン」と言えます。

「バリアフリー」が必要になるのは、もともと私たちの社会が、障害のない人のためにつくられてきたからです。だから、ここが使える **「バリアフリー」には、どうしても障害者対策としての側面がある**のは否定できません。

一方、「ユニバーサルデザイン」は、障害のあるなしだけでなく、性別や年齢・言語の違い、能力や体力の有無などに関係なく、最初からすべての人が同じように利用できるものをつくってしまおうとする考え方です。

たとえば、「高齢者のために、本の活字を大きくして読みやすくする」「外国人のために、文字ではなくて絵文字を使って各種の表示をする」なども、「ユニバーサルデザイン」の一例と言えます。

ここが使える **「ユニバーサルデザイン」の考え方が定着すれば、障害者だけでなく、高齢者や子ども、妊婦、外国人、一時的にケガをしている人など、社会的なハンディキャップを抱えたすべての人が、同じような条件のもとで暮らせる社会になるはず**です。

このとき、真の意味での「ノーマライゼーション」が実現すると言えるでしょう。

障害は個性

よく誤解されることですが、**「ノーマライゼーション」は「障害をノーマルにする」ことではありません。**つまり、障害者に、健常者と同じように振る舞うことを強制するものではないのです。

そうではなくて、**障害者の生活条件を、健常者と同じように（ノーマルに）するのがノーマライゼーション**です。それによって、障害者も社会の一員として、自分らしく生きられるようになるわけです。

そこから、**「障害は個性」という考え方**が出てきます。

「障害」というものは、否定的に捉えられるのが普通です。目が不自由、足が不自由というのは、そうではない状態に対して「欠陥」と捉えられ、それを克服して健常者と同じ状態に近づくことが障害者には求められてきました。障害者を特別扱いする考えも、そこから生まれてきたと言えます。

しかし、世の中には、足の速い人も遅い人も、指先が器用な人も不器用な人もいます。それは、その人なりの特徴・個性であって、いわゆる**障害も、同じように個性のひとつと**

みなすことができるはずです。

そうすれば、障害者と健常者との間に本質的な違いはなくなり、障害者を特別視する見方もなくなるでしょう。これが、「障害は個性」という考え方の根本にあるものです。

もちろん、こうした考え方には、問題点もあります。

ここが使える

障害を個性と捉えたとしても、生活上の支障がなくなるわけではありません。障害者の必要としている福祉サービスを切り捨てるための口実に用いられる危険も、ないとは言えません。

ここが使える

また、**「障害は個性」という言葉のために、障害者自身や社会全体が、障害者の置かれた厳しい現実から目をそらすことになる**という意見もあります。

しかし、障害者だけでなく、すべての人がお互いの違いを認めて尊重し合い、助け合って生活していくような社会を実現するためには、こうした考え方にも意味があることは否定できないでしょう。

自分なりのネタを
追加しよう！

MEMO

8
健康

健康も、医療・看護系の学部・学科では広く問われることが多いテーマです。

現代社会は、これまでにないほど健康に対する意識が高まっています。健康ブームと言われるほど健康への関心が高く、政府による健康への取り組みも目立ちます。健康の概念が、現代では明らかに変わってきているという面もあります。

そうした中で、「健康とはそもそも何か」「なぜ健康が求められているのか」といった基本的な事柄を、しっかりと理解しておく必要があります。

課題

近年、メタボリック症候群が話題になり、健康管理が社会人にとって欠かせないものとされるなど、健康への意識が高まっています。

その反面、肥満や不摂生などによって健康を損ねている人々が、社会的に非難されることも増えています。

こうした風潮に対して、あなたはどう考えますか。（600字以内でまとめてください）

課題の解説

健康への意識がこれほど高まったのは、比較的最近のことです。

たとえば、喫煙が健康によくないことは早くから知られていましたが、日本で禁煙への取り組みが本格的に始まったのは、1990年代以降のことです。かつては公共交通機関でも喫煙は普通に認められていましたが、ここ十数年で一気に禁煙化が進められました。

いま社会全体が禁煙化の方向に進んでいますが、それは、喫煙者を社会的に非難する風潮にもつながっています。喫煙者は、「健康への意識が足りない人」「自己管理のできない人」と否定的に捉えられることが少なくないのです。

こうした状況の背景には、「健康」がたんに個々人の身体や精神の状態だけでなく、社会的な状態も含めて考えられるようになったことがあげられます。

たとえば、経済的に貧しく、社会的にも孤立した状態にある人は、そうではない人に比べて強いストレスにさらされやすく、健康を損ないやすくなります。そうした状況を個人の努力だけで改善することは難しいので、人々が健康的なライフスタイルを身につけられるように社会全体がサポートし、そのための環境や条件を整える必要がある、つまり、一人ひとりの健康を社会全体で守る責任があるというわけです。

現在では、健康についての知識を広め、健康被害にさらされない制度づくり（禁煙化を進めるのもそのひとつ）をするのも、政府や大企業の重要な役割のひとつになっています。

しかし、そうした風潮がいきすぎると、「健康ではない」ことが、逆に社会的な非難の対象になってしまいます。

社会全体で健康への意識が高まり、健康管理が社会人に欠かせないものとされているにもかかわらず、健康の水準を保てない人は自覚や努力が足りない、とみなされてしまうわけです。そうなると、健康への取り組みが再び個々人の意識の問題にされ、「健康は自己責任」という考え方に陥ってしまう恐れもあります。

そうした状況を踏まえて考える必要があるわけです。

反対の立場で書く場合は、「健康管理をしない自由も認めるべきだ」という方向も可能ですが、それでは健康への社会的な取り組み自体を否定することになってしまいます。医療・看護系の志望者であれば、「個々人の努力よりも社会全体の取り組みのほうが重要」という方向で考えるべきでしょう。

賛成の場合は、「社会の取り組みには限界があるので、個々人の意識を高めることが大切」と論じることができます。ただし、この場合も、あくまで社会全体の健康への取り組みが重要であることを、「確かに～」の部分でしっかりと示しておくことが大切です。

健康

賛成の意見例

・社会は、個人の健康づくりを環境や制度面でサポートすることはできるが、それには限界がある。あくまで一人ひとりが健康の大切さを自覚し、積極的に健康づくりに取り組むことが大切だ。そうした意識づけをするためにも、不健康な生活を否定的に見る風潮は必ずしも悪いとは言えない。

・健康的な社会をつくるには社会全体の取り組みが必要だが、それを実践するのはあくまで私たち一人ひとりの自覚と努力にほかならない。社会が健康的なライフスタイルを実現するための環境や条件を整えても、個人が責任をもってそれを実践してこそ、意味がある。

・成熟した市民社会になるには、社会を構成する一人ひとりが社会の一員としての自覚をもって、市民としての責任を果たすことが重要だ。そのためには、一人ひとりがしっかりと自己管理をして、できるだけ健全な生活を送ることが求められる。

反対の意見例

・健康でいられるかどうかは、その人の社会的条件に左右される。健康づくりは社会全体の問題であって、個人の努力だけではどうにもならない。一人ひとりが健康的なライフスタイルを身につけられるように社会全体でサポートして、そのための環境や条件づくりに取り組む必要がある。

・健康の程度は、その人が置かれた肉体的・精神的・社会的状態によって違いがあって当然だ。それなのに、社会が要求する健康の水準を保てない人を非難する風潮は、むしろ健康ではないことを理由にした差別や偏見を生む恐れがある。

・常に健康であることが社会的に要請され、それに適合しない人が非難されるようになると、人々は健康でありたいからというより、たんに強迫観念に駆られて健康を追いかけるようになる。そのためにストレスに陥り、逆に健康を損なう恐れもある。それでは、健康的な社会とは言えない。

賛成の解答例

近年、健康への取り組みが盛んになってきた。健康管理の重要性が強調される中で、自己管理できずに健康を損ねた人を非難する傾向も見られるが、はたしてこうした傾向はよいことだろうか。

確かに、求められる健康の水準は時代によって変わる。喫煙の習慣がこれほど批判的に見られるようになったのはごく最近のことで、そうした意識の変化についていけない人がいても不思議はない。そうした人にも健康への意識を共有してもらうための社会的な取り組みが必要なのは確かだろう。しかし、そうはいっても、健康維持が最終的には個々人の責任に帰せられることは否定できない。

社会は、個人の健康づくりを環境や制度面でサポートすることはできるが、それには限界がある。個人が自分から積極的に健康づくりに取り組もうと努力することが不可欠だ。そのためには、健康管理の必要性と、それがあくまで自己責任でしかないことを、一人ひとりがしっかりと自覚することが大切になってくる。そして、健康管理ができないことを安易に認めるのではなく、それが本人にとっても社会にとってもよくないということを、何らかの形で自覚させることが必要である。

したがって、健康管理のできない人を非難する傾向は必ずしも悪いことではない。

反対の解答例

近年、社会全体の健康への意識が高まるにつれて、肥満などで健康を損ねる人を非難する風潮も見られるようになった。こうした傾向は、はたして好ましいと言えるのだろうか。

確かに、健康になろうと思えば、結局は自分で努力するしかない。自分の健康は自分で管理する必要がある。その意味では、健康管理に失敗した人が自分で責任を負うのは、当然のことかもしれない。しかし、それを社会の側が一方的に非難するべきではない。健康な社会を実現するために、個々人の自覚や努力に頼るのは限界がある。

健康とは、個人だけの問題ではない。社会的に劣悪な状態に置かれている人は、それだけ健康を損ないやすい。その人が健康でいられるかどうかは、あくまで社会とのかかわりの中で決まる。重要なのは、一人ひとりが社会的に好ましい健康的なライフスタイルを身につけることだ。そのためには、それを妨げている社会的な条件を取り除く必要がある。個人を取り巻く環境や条件を整備して、個人の健康づくりを社会全体でサポートしなければならない。健康をたんなる自己責任とみなして個人を非難するような風潮は、そうした社会的な取り組みの大切さを逆に見えにくくさせてしまう恐れがある。

したがって、私は、健康を損ねる人を非難するような風潮は決して好ましいとは言えないと考える。

健康についての基礎知識

体だけでなく、精神的・社会的にも「健康」か

「健康を大事に」とよく言われますが、そもそも「健康」であるとは、具体的にどんな状態を指すのでしょうか。

私たちは普通、肉体的に悪いところがないことを「健康」だと考えがちです。

しかし、世界保健機関（WHO）の憲章では、「健康とは、肉体的・精神的・社会的に完全に良好な状態であり、たんに病気または虚弱ではないということではない」とされています。

ここが使える

つまり、**たんに体に病気がなければ健康だというわけではなく、精神的にも社会的にも健康でなければ、真に「健康」とは言えない**ということです。

だから、この定義に従うならば、体に悪いところが少しもなく、目に見える問題は何もなさそうな人でも、仕事につけない人、いじめや差別を受けている人、貧困な状態にある

人、社会的に孤立している人（ひきこもりなど）などは、「健康」とは言えないわけです。

ＷＨＯがこの定義をつくったのは、１９４８年。

この定義は、個人の健康というものをたんに身体的な状態ではなく、精神的・社会的な状況も含めて捉えようとした点で、画期的でした。そしてこの考え方は、いまでは世界共通の常識となっていて、現在でもその有効性は変わっていません。

個人の健康は、社会的環境に左右される

ここが使える

ＷＨＯの定義のように、社会的に良好な状態になければ健康とは言えないとすれば、**個人が健康であるかどうかは、社会的環境や条件に大きく左右される**ことになります。

たとえば、国全体が経済的に豊かで、所得が公平に分配されていて、貧困な状態にある人が少なく、差別などの少ない社会であれば、それだけ健康な人は多いことになります。逆に、経済的に貧しく、富裕層と貧困層が分かれていて、差別や社会的不正がはびこっている社会では、健康な人は少なくなります。

ここが使える

もちろん、**現在の日本のように、経済的に豊かでも、格差が拡大しつつあり、ストレスの多い社会は、必ずしも健康的とは言えません。**

このように、健康というのは社会的な要因によって決定される部分が少なくありません。

そのことを踏まえて、医療従事者は、患者の置かれている社会的環境も含めて患者の健康状態を判断し、適切な処置をとることが求められるようになってきています。

「健康権」という考え方

WHOの憲章には、もうひとつ重要な点があります。それは「健康権」の考え方です。

1948年の憲章では、「望みうる最高の健康を享受すること」は人間の基本的人権のひとつとされています。また、1966年に国際連合で採択された国際人権規約では、「健康権」が明確に定義され、政府が健康を実現するための前提となる環境や医療を整備することが義務とされました。つまり、**個人の健康は国が責任を負う**わけです。

従来の考え方では、病気になるのは本人が悪いのであって、健康を維持するのはあくまで個人の責任とされていました。

しかし、先ほど見たように、個人が健康であるかどうかは、社会的環境や条件に大きく左右されます。

たとえば、地域によって医療体制が整っていなかったり、経済状態のせいで十分な医療が受けられなかったりするのは、本人の責任ではありません。また、「喫煙は健康によくない」という情報が行き渡っていない状況では、喫煙のために健康を害するのを本人のせいにするわけにはいかないでしょう。

ここが使える

そのため、**国が責任をもって国民の健康づくりをサポートし、またそのための体制や環境の整備を積極的に行うことが求められている**のです。

健康ブームにも落とし穴がある

健康への認識が高まるにつれて、「健康でいたい」「もっと健康になりたい」という願望も高まっています。それに応えるために、マスメディアを通じて、さまざまな健康情報や健康法、健康グッズなどが紹介され、ブームになることも少なくありません。

しかし、それらの中には、医学的な裏付けが乏しかったり、効果のあやしいものも少なくありません。また、そうした商品を売り込むために、企業やマスメディアが健康への不安を過剰に煽り立てているという側面もあります。

その結果、かえって健康についての知識がゆがめられたり、また効果のあやしい健康法を実践したために、逆に健康を害するなどの被害も出ています。

健康は、生活のあり方全体にかかわるものなので、一朝一夕に健康になることはできません。現代人の生活には、カロリー過多の食生活やハードワーク、ストレスの多い人間関係など、そもそも健康を損なう要素がたくさんあります。

ここが使える

健康ブームに警鐘を鳴らし、健康について正確な情報を伝え、現代人が健康な生活を送れるように生活環境の改善に取り組んでいくのも、これからの医療従事者の役割のひとつと言えるでしょう。

メンタルヘルス（心の健康）の正しい知識を身につける

ここが使える

メンタルヘルスとは、ひとことで言えば「心の健康」のことです。

WHOの定義でいえば、健康の中でも精神的な側面に関する部分のことを指しています。

ここが使える

現在、日本で「心の病」が増えているのは、社会的な要因によるところが大きいと言われています。

現代の日本では、とくに職場での労働環境の悪化が原因で、うつ病などの「心の病」になる人が増えています。長期化する不況のために労働条件が悪化し、また対人関係も複雑になっていて、多大なストレスを抱える人たちも増えています。

そのため、職場におけるメンタルヘルス対策が急がれています。また、学齢期の子どものメンタルヘルスも問題になっています。

にもかかわらず、日本では「心の病」についての無理解がいまだにはびこっています。

ここが使える

残念ながら、**うつ病を「たんなる甘え」や「気持ちの問題」とみなす人がまだまだ多いのが現状**です。

「心の病」についての正確な情報を伝えて、メンタルヘルスの重要性に対する正しい理解を促す必要があります。

また、企業や学校でも、不安を抱える人が気軽にカウンセリングを受けられるように、サポート体制を充実させることが求められています。

健康

自分なりのネタを
追加しよう！

MEMO

9
食事・栄養

食事・栄養の問題は、最近も時折、ニュースになります。

ＢＳＥや食品偽装事件のように、食材の安全性にかかわる問題が中心ですが、それ以外にも、現代人の食事のあり方もしばしば問題にされます。

また、現代人は栄養バランスを気にしてサプリメントをとる割に、ファストフードに頼るなど、不健康な食生活を強いられていることも少なくありません。

そうした状況について正しく理解したうえで、知識を整理しておく必要があります。

もちろん、健康の問題とも大きくかかわっているので、あわせて知識を整理しておくといいでしょう。

課題

現代人は、食生活においても効率を重視し、ファストフードに代表されるように手間ひまをかけずに食事をしようとする傾向があります。

一方、そうした傾向に危機感を覚えて、地域に密着した伝統的な食生活を大切にしようとするスローフード運動が、ヨーロッパを中心に広がっています。

スローフード運動について、あなたはどう考えますか。（６００字以内でまとめてください）

課題の解説

スローフード運動とは、その土地の伝統的な食文化や食材を大切にしようという運動のことです。1980年代半ば、マクドナルドがローマに出店した際、「このままではイタリアの食文化が衰退する」という危機感を抱いた人々が、地元の食文化を見直そうとして始めたとされています。

このことからもわかるように、この運動には、いわゆる「ファストフード」の広がりに対する抵抗という側面があります。ただし、現在はそれだけにとどまらず、地域に密着した自給自足的な生活のあり方（スローライフ）をめざす運動への広がりも見せています。

ファストフードとスローフードは厳密には対立する概念ではありませんが、手がかりとしては、この2つを対比させると考えやすいでしょう。

ファストフードとは、ほとんど調理の必要がなく、安価で手軽に食べられる食品のことです。一般的には、ファストフード店で食べられるハンバーガーやサンドイッチなどを指しますが、日本ではコンビニ弁当やカップラーメンなども含まれます。

ファストフードがこれほど広まったのは、現代人の生活様式にぴったり適合しているからです。できるだけ無駄を省いて生産効率を高めようとする現代社会にとって、均一な味つけで大量生産でき、食べるにも手間がかからず短時間で済むファストフードは、とても便利です。その反面、ファストフードでは、食事の楽しみは半減します。また、安価に大量生産をするために、外国から安く輸入した食材を使い、栄養のことはそれほど考えられてはいません。そのため、常に健康面での不安があるのは否定できないところです。

一方、スローフードの考え方は、そうした効率優先の発想をやめようというものです。安心できる地元の食材を使って、伝統的な料理を手間ひまかけてつくり、時間をかけてゆっくりと食事を楽しむ。これを、たんに食事だけでなく、ライフスタイル全般に広げていって、現代人に失われた人間らしい、ゆとりのある健康的な生活を取り戻そうというわけです。また、地域に密着した食生活をめざすことで、伝統を大事にし、地域の共同体や自然との共生を取り戻そうとする考え方も背景にあります。

こうしてみると、スローフード運動は、一種の文明批判、近代批判の運動とも言えます。ただ、「健康的な生活を実現するために食生活の改善を訴えている」という面では、健康管理という現代医療のテーマとストレートに結びついていることも見逃してはいけません。また、スローフード運動における、生活の楽しみや自分らしさを重視する考え方は、QOL（生の質）を重視する現代医療の考え方に近いと言えます。

医療・看護系の問題として考えるなら、その面に注目すると論じやすいでしょう。

賛成の意見例

・現代人は効率を重視するあまり、人間的なゆとりを失って、ストレス過多の不健康な生活を送っている。スローフードの背景には、効率重視の生活をやめ、ゆとりある人間らしい生活を取り戻そうという考え方がある。スローフード運動をきっかけに、もっとＱＯＬ（生の質）を重視する自分らしい生活を取り戻すべきだ。

・現代人の食生活はファストフード中心になりがちだが、ファストフードは高カロリーで、栄養のバランスが悪いため、肥満や生活習慣病につながりやすい。食生活を見直して、健康的な生活を取り戻すためにも、栄養バランスを重視するスローフード運動が広がるのはよいことだ。

・現代社会は、技術の進歩を背景にして近代化を進め、効率を優先するあまり人間性を失っている。スローフード運動は、食のあり方を通して、そうした現代社会のあり方に警鐘を鳴らしている。地域に根ざした生活や自然との共生を取り戻すことで、現代人の生活をもう一度見直すことが必要だ。

反対の意見例

・現代人は、個々人が効率的な食事をすることで、生産効率を上げ、豊かな生活を実現してきた。また、それによって女性が専業主婦の役割から解放され、社会進出できた。ファストフードはそのような効率的な生活を支えている。それによって節約できた時間とお金を、健康的な事柄のために使える。

・スローフードは、昔ながらの共同体と安定した家庭があってはじめて成り立つので、それを理想とすると、現代の個人主義的な価値観の否定につながり、昔ながらの専業主婦による食事づくりを理想とすることになってしまう。

・スローフードは、地域に密着した食生活を提唱しているが、逆にいえば、現代社会の多数を占める都市生活者の存在を軽視している。地域から離れた都市生活者にとっては、ファストフードに代表される均一な食事のほうが親しみやすく、ストレスになりにくい。むしろ、ファストフードをいかに健康的なものに変えていくかを考えるべきだ。

食事・栄養

賛成の解答例

近年、現代人の食生活に対して、もっと地域に密着した伝統的な食生活を大切にするべきだとするスローフード運動が広まっている。スローフード運動をもっと進めるべきか。

確かに、現状では、スローフードの考え方を実践するのは難しい。現代はグローバル化が進んでいて、食材も外国からの輸入を前提につくられていることが多い。また、地域社会のあり方そのものが変わってきているので、地域の伝統を重視するスローフードの考え方は、たんに昔ながらの食事を懐かしむ考え方としか捉えられないかもしれない。しかし、それでも、スローフード運動を否定するべきではない。

現代は効率重視の社会だ。現代人は、生産効率を上げるために、時間をかけてゆっくり食事をすることができない。そのため、ファストフードのような手軽な食事が好まれる。しかし、そうした食生活を続けていると、次第に人間的なゆとりを失って、ストレス過多の不健康な状態に陥ってしまう。食事は人間生活の最も基本的な要素であり、それをおろそかにして健康的な生活を送れるはずがない。スローフード運動には、地域密着を謳うことで、現代の効率重視で非人間的な食生活を見直すねらいがある。現代人は、スローフード運動をきっかけに、もっと生の質を重視する自分らしい生活を取り戻すべきだ。

以上のように、スローフード運動をもっと進めるべきだと私は考える。

反対の解答例

　近年、現代人の食生活の見直しを迫るものとして、伝統的な食事を大切にするスローフードの考え方が注目されている。このスローフードの考え方は、好ましいものだろうか。

　確かに、現代人の食生活には問題も多い。たとえば、手軽に食べられるという理由でファストフードに頼っている人が多いが、ファストフードは栄養バランスが悪く、肥満や生活習慣病の原因になりやすい。そうした点を改善する必要はあるだろう。しかし、だからといって、スローフードの考え方は認められない。

　スローフードは、地域に密着した食生活を提唱している。しかし、それは、現代人の多数を占める都市生活者の存在を軽視している。都市生活者はさまざまな地域から都市に集まっている。そうした人には、誰もが食べやすいと感じるファストフードのような均一な味のほうが好まれる傾向がある。そして、いつでもどこでも気軽に食べられる簡便な食事のほうが、都市に住む人にとってはむしろ身近で、親しみやすく、ストレスが少ないのである。スローフードのように現状を否定するのではなく、ファストフードなどをいかに健康的で栄養バランスのよいものに変えていくかを、むしろ考えるべきだ。

　このように、現代人の食生活を否定するスローフードの考え方を、私は好ましいとは思わない。

食事・栄養についての基礎知識

なぜ「孤食」「個食」が増えたか

ここが使える

「孤食」も「個食」も、家族が別々に食事をとることを意味しますが、「孤食」は、ひとりの食事に伴うさびしさや孤独感をより強調した表現と言えます。

いずれも、1990年代以降使われるようになった言葉で、家族が一緒に食事をすることが少なくなった状況を反映しています。

こうした孤食（個食）が増えている背景には、家庭のあり方が変化していることがあげられます。

夫婦共働きの家庭や一人親家庭が増え、昔のように「専業主婦がいつも家にいて、毎回の家族の食事をつくる」という家庭が少なくなっています。また、塾通いをする子どもも増え、家族一人ひとりの生活時間がずれてきていることが背景にあります。

孤食はコミュニケーションの機会を奪う

では、孤食にはどんな問題点があるのでしょうか。

ここが使える

家庭での食事という点で重要なのは、**孤食によって家族間のコミュニケーションの機会が減る**ことです。

食事というのは、たんに栄養をとるためではなく、食事をする者同士のコミュニケーションの場でもあります。とくに家庭では、その日あったことを話し合ったり、面と向かって言いづらい話をしたりして、家族の連帯感を強める場になります。子どもにとっては、コミュニケーションを深めて社会性を身につける機会でもあります。

ここが使える

孤食化が進むと、子どもにとってコミュニケーションの機会が奪われてしまうのです。

孤食には栄養面・健康面の問題もある

ここが使える

もうひとつ見落としてはならない孤食の問題は、栄養面・健康面の問題です。

ひとりで食事をするとなると、どうしても手軽さが優先されて、栄養面に気を遣わなくなります。とくに、ファストフード類で食事をすませる場合は、栄養の偏った食事になりがちです。

ファストフードは、もともと安価で食べやすいものを大量生産するために、高カロリー・高脂肪分になりがちです。ファストフードに限らず、外食が中心になると、野菜が不足しがちになり、どうしても栄養のバランスが悪くなります。それが肥満や生活習慣病の原因にもなります。

実際、生活習慣病というのは本来は成人の病気と言われていましたが、いまは生活習慣病にかかる子どもや若者も増えています。

現代人の食生活では効率性が優先される

こうした問題が起こる背景には、現代人の食生活の変化があります。

かつてに比べて、食生活は豊かになり、飢餓に苦しむことはほとんどなくなりました。むしろ、普通の食事で、すぐにカロリー過多になるほどです。

その一方で、朝食をとらず、昼食もファストフードで済ませる人が増えています。

ここが使える

現代では、効率よく食事をすることが優先され、ゆったりとした健康的な食生活を送ることが難しくなってきています。

また、外食産業が発達して、外で手軽に食事ができるようになりました。そうなると、家庭での食事に比べて、どうしても栄養に気を遣った食事がしにくくなります。ただし、最近は、メニューにカロリー表示をしている飲食店も増えています。

ここが使える

適切な栄養バランスや食事量のマニュアルをつくって、健康的な食生活の指針を一般の人に与えるのは、医療従事者の役割のひとつだと言えるでしょう。

地域や自治体などとも協力して、こうした作業を進めていくことで、人々が少しでも栄養のバランスのとれた食事をし、食生活を改善していけるようにする必要があります。

食の安全性

近年、食に関して大きな問題になっているのは、食の安全性です。

有名企業や老舗店が、食品の生産地や賞味・消費期限などを偽る事件が続発しました。これによって、一般の消費者の食の安全性に対する不信感が強まっています。

また、アメリカでBSE（牛がかかる病気の一種で、人間にも感染する）が発生し、日本ではアメリカからの牛肉の輸入を一時差し止めたために、一般人の食生活にも大きな影響を及ぼしました。

食事・栄養

ここが使える

一連の事件から、食の安全性に対する消費者の関心も、以前に比べて高まっています。

こうした問題が起こる背景には、**食品が人の口に入るまでのプロセスが、以前と比べて格段に複雑になっている**ことがあげられます。

地元の新鮮な食材を手に入れ、それを自分の手で調理するだけなら、それほど問題は起きません。

しかし、現在では、食材の多くは海外から輸入され、複雑な流通の経路をたどって私たちの食卓に届くので、その分、食の安全を確保することが難しくなっています。

食品添加物や遺伝子組み換え食品の問題

外食だけでなく、家庭で食事をする際にも、加工食品や調理ずみの食材を使うことが増えました。

そうした食品は、保存性や見栄えをよくするために、食品添加物を使っていることが少なくありません。合成保存料や着色料、酸化防止剤などですが、それらの食品添加物の中には、安全性が疑問視されているものもあります。

また、最近では、遺伝子組み換え食品も増えてきています。

有用な遺伝子を組み込んで、生産性の高い食品や栄養価の高い食品をつくることができれば、食糧危機に対応できるなどのメリットももちろん考えられます。しかし、人間にとって未知の食品である以上、本当に危険がないのかを証明するのは難しくなります。

ここが使える

さらに**問題を複雑にしているのは、食品添加物についても遺伝子組み換え食品についても、日本と外国とで安全基準が異なること**です。

有害性を認められた食品添加物は使用を禁止されますが、国によってはその同じ食品添加物の使用が認められていることもあります。また、遺伝子組み換え食品については、各国で大きく対応が異なっていて、日本やヨーロッパでは比較的規制が強いのに対して、アメリカや中国では規制が緩く、生産も盛んです。

ここが使える

とくに**日本では、海外に食材を依存する割合が高いので、その点でも食の安全性を完全に確保することは難しい**のが現状です。

食の安全性を確保するためにも、食糧自給率を上げる必要があるという意見もありますが、これだけグローバル化が進んでいる現在、食糧を完全に自給することは不可能です。

ここが使える

政府が消費者に正確な知識を伝え、消費者も自分の食生活を守る意識をもつ必要があると言えるでしょう。

自分なりのネタを
追加しよう！

MEMO

10
科学

近代の医学・医療は、科学の考え方が基本になっています。医学や医療技術の発達には、科学が欠かせませんし、実際の医療行為においても、科学的・論理的な思考が求められることが少なくありません。

その一方で、医療・看護の分野においても、近年、これまでの科学一辺倒の考え方だけでは限界があることが明らかになってきています。

そうした状況を踏まえて、「そもそも科学とは何か」「これからの科学はどうあるべきか」といった基本的な事柄を理解しておく必要があります。

課題

Q

次の課題文を読んで、これからの科学のあり方について、あなたの考えを６００字以内でまとめてください。

課題文

環境問題の話となると、決まって、「西洋の科学が悪い。自然をもっと大切にすべきだ」と言われます。そうして、そのためには、自然とのかかわりを大事にする東洋の思想を見直すべきだ、という話になることが多いのです。

だが、ちょっと待っていただきたい。自然保護、環境保全という思想は、西洋の科学の中から生まれてきたものです。

もちろん、それが環境を極限まで破壊してきたその反動として生まれてきたものであることは、否定できません。人間は、環境をとことんまで破壊してきて、ようやく自然の大切さに気づいたのです。そして、いまさらながら、自然保護の大切さを訴えています。しかし、自然を客観的に見る科学の考え方がなければ、「自然を保護する」という考え方そのものが生まれなかったでしょう。

もともと東洋の思想では、「自然」はありのままにしておくべきものであって、支配したり、反対に保護したりする対象としては考えられてこなかった。人間は自然と対立するものではなく、自然の一部と考えられてきた。だからこそ、「自然」と「人間」

を対立するものとして捉える西洋の科学思想を乗り越える思想として、注目を集めているとも言えます。その意味では、人間の手で自然を保護しようという考え方そのものが、東洋的な考え方から見れば、人間中心主義的で傲慢だということになるのかもしれません。

しかし、すでに自然破壊が極限まで進み、これ以上放っておくわけにはいかないことがはっきりしている以上、東洋の知恵にならって、ただ「あるがままに」と傍観しているわけにはいきません。人間は、いまの自然の姿に対して、大きな責任があります。だからこそ、科学の粋を集めて、自然を保護し、環境を再生するための技術をつくり出さなければなりません。

これは何も、環境問題に限った話ではありません。いまの私たちの文明は、科学の進歩の上に成り立っているのだから、科学技術をやみくもに疑ってみても、何事も解決しないのです。

課題の解説

課題文の内容をまとめると、「環境問題の話になると、決まって西洋の科学が悪者になる。だが、自然を客観的に見る科学の考え方があってこそ、自然保護の思想も生まれた。いまの私たちの文明は、科学の進歩の上に成り立っている。科学を信じて、自然を保護し、環境を再生するための技術をつくり出さなければならない」となります。

この課題を読んで、「これからの科学のあり方」について考えることが求められています。課題文の筆者は、「東洋の思想をヒントにしてこれまでの科学のあり方を見直すべきだ」という考え方に反対して、むしろ「これまでの科学をさらに発達させるべきだ」と主張しているので、その主張が正しいかどうかを論じればいいわけです。

ところで、「西洋の科学が環境問題を引き起こした」とは具体的にどういうことでしょう。人間はもともと、自然を自分たちに都合のいいようにつくり変えることで生きています。自然を切り開いて田畑をつくったり、木を伐採して木材をエネルギー源として利用するのも、環境に負担を与えているという点では、現代と違いはありません。

それが自然に備わった回復力の範囲内であれば問題ないのですが、近代以降、産業化が進み、自然の回復力を上回るスピードで大規模な環境破壊が行われてきました。それを支えているのが、急激に進歩した科学技術なのです。

また、もともと科学の考え方そのものに環境破壊の要因があるという見方もあります。西洋では、自然を人間に対する脅威と捉え、自然を克服することで人間の生活を豊かにしようとしてきました。そのため、自然を支配の対象とし、人間にとって利用可能な資源に変えることで、人間の役に立てようとしてきたのです。そのための組織的な知恵が、科学だったと言えます。

それに対して、東洋では、人間は自然の一部で、人間と自然とは連続したものと考えられてきました。人間の生活は、自然の中で営まれ、自然と共生することが豊かさだとされてきたのです。

近年、環境問題が注目され、西洋の科学の考え方が反省されるようになり、それを克服するためのヒントとして、東洋のこうした自然観がクローズアップされるようになってきています。課題文は、そうした議論を踏まえて、それに対する反論を語っているわけです。

イエス・ノー、どちらの立場で書くこともできますが、医療・看護系を志望する以上、科学の考え方を全面的に否定するような書き方は禁物です。

ノーで書く場合も、「確かに〜」の部分で科学の意義をしっかりと説明し、バランスのとれた見方ができることをアピールしてください。

賛成の意見例

・環境破壊がここまで進んだ現在、理想主義的に自然との共生を唱えても意味がない。地球環境の現状を客観的に把握し、どうすれば効果的に環境を回復させることができるかを考える必要がある。それができるのは、対象を客観視する科学の力だけだ。そのためにも、科学をいっそう発達させて、環境のためになる技術を開発することが先決だ。

・科学は自然を破壊してきただけでなく、人間を自然の脅威から守り、自然をコントロールする術を与えてきた。それが、近代という時代の中でたまたまいきすぎたために、環境破壊が起こってしまっただけだ。科学は、自然を制御するために、自然の仕組みを解明しようとしてきた。環境問題を解決するために必要なのは、東洋の知恵ではなくて、自然の仕組みを知る科学の力だ。

・環境破壊の要因が科学技術にあるのは確かだが、科学技術そのものが悪いわけではない。科学技術を悪用したり、無制限に使用する社会のあり方に問題がある。社会が、科学の使用についてもっと明確な基準を設けることで、科学をコントロールすることができる。

反対の意見例

・これまでの科学技術は、自然を人間にとって便利に使える資源としか考えてこなかった。たとえ自然保護を訴えても、そうした自然に対する考え方が根本的に変わらない限り、環境破壊は止まらないだろう。近代的な科学観を改め、昔ながらの自然を活かす技術をもう一度見直すべきだ。

・いくら自然保護のための科学技術を発達させても、それだけでは環境問題を解決することはできない。自然を無尽蔵と考え、大量に生産・消費する現代文明のあり方を改め、もっと自然に密着した生活スタイルに変えて、環境と共生する社会をめざす必要がある。

・科学を用いて自然をコントロールしようとしても、思いもよらない別の要因が生じて、自然をいっそう破壊してしまうことがある。科学は万能であるという考え方を改めて、人間のおごりを捨てて自然との共生を考えてこそ、自然を守ることができる。

賛成の解答例

課題文は、これまでの科学を疑うような見方に反対して、「環境問題を解決するためには、科学を信じて、さらに発達させていかなければならない」と主張している。その考えは、はたして正しいのだろうか。

確かに、環境問題の責任の一端が、科学の発達にあることは否定できない。人間はより豊かな生活を求めて産業を発展させるために、科学の力を使って大規模な自然破壊を押し進めてきた。そうした現状を真摯に受け止め、環境破壊を抑える努力をするべきなのは間違いない。しかし、だからといって科学そのものを否定しても、問題の解決にはならない。

もともと人間は、自然の脅威にさらされて、不安定な生活を強いられてきた。科学は、人間を自然の脅威から守り、自然をコントロールする術を人間に与えた。それが、近代の急激な産業化の流れと結びついて、いきすぎた自然破壊につながったにすぎない。しかし、科学は自然を制御可能なものにするために、物質の仕組みを分析し、自然法則を解明しようとしてきた。環境破壊を食い止めるための技術を開発するために本当に必要なのは、東洋の知恵ではなく、自然を客観的に理解しようとする科学の考え方だ。環境問題を解決し、地球に優しい社会を実現するためにも、むしろ科学の力をいっそう重視するべきだ。

したがって、これからも科学をいっそう発達させるべきだと私も考える。

反対の解答例

課題文は、「科学技術をさらに進歩させてこそ、環境問題を解決できる」と主張している。はたして、課題文の筆者の言うように、これからも科学を発達させるべきなのだろうか。

確かに、科学技術がこれまで人間の生活を豊かにしてきたことは否定できない。科学は人間を自然で動物的な生活から切り離し、文明を発達させた。そうして、人間はそれまで自然の脅威にさらされて不安定な生活を送っていたのが、物質的に安定した生活を営めるようになった。しかし、そうした科学のあり方が、多くの問題を引き起こしてきたことも確かなのだ。

近代以降、人間は自然を無尽蔵の資源と考え、大量に生産しては大量に消費するという文明のあり方をつくり上げてきた。そうした文明のあり方が、環境破壊を押し進めてきたと言える。科学技術をさらに発達させることで、環境破壊を一時的に抑えることはできるかもしれない。しかし、自然を支配の対象、利用可能な資源とみなす科学の考え方そのものが変わらない限り、環境破壊が止まることはないだろう。むしろ、これからは自然環境と共生して、もっと自然に密着した生活スタイルを模索する必要がある。そのためには、科学を万能と信じて、大量生産・大量消費をする現代文明のあり方を改める必要がある。

以上のように、私は、課題文の主張には反対だ。

科学についての基礎知識

科学の最大の特徴とは？

私たちが「科学」というとき、普通はいわゆる「西洋近代科学」のことを指します。それは、およそ17世紀以降に西ヨーロッパで生まれた考え方であって、決して普遍的なものではありません。

ここが使える

科学の最大の特徴は、「人間」と「自然」、「精神」と「肉体」など、主体（観察する側）と客体（観察される側）とを対立的に捉える考え方です。

たとえば、自然科学においては、人間（＝主体）が、自然（＝客体）を自分から切り離すことで、客観的対象として観察・分析できるようになりました。

ここが使える

さらに、**対象をできるだけ小さな単位に分解し、再構成することで対象を理解しようとするのが、科学の考え方**です。そうして、普遍的な自然法則を解明し、それを産業に応用することによって、人間は社会を進歩させ、豊かな生活を実現してきました。

科学の限界を最もよく表しているのが環境問題

ところが、そうした科学の考え方にも限界があることが近年明らかになってきています。

ここが使える

科学の限界を最もよく表しているのが環境問題でしょう。

人間も生物の一種であり、自然環境と切り離されては生きていけません。その意味では、**人間と自然とを切り離して、自然を純粋に客観的な対象として捉える考え方にはもともと無理がある**とも言えるわけです。

ここが使える

科学は、自然を人間のために利用してきましたが、近代の産業革命以降、それがいきすぎて、大規模な自然破壊を引き起こしました。現在では、地球温暖化に代表されるように、環境破壊が人間の生活を脅かすほど深刻になってきています。

それに伴い、人間と自然を対立的に捉える科学の考え方をもう一度見直し、科学の限界を見極めたうえで、新しい科学のあり方を模索する動きが活発になってきています。

近代医学の限界と「心身医学」

近代医学もまた、こうした近代科学の考え方に基礎を置いています。

科学

ここが使える

近代医学は原則として、人間の心と体、精神と肉体とを切り離して、肉体のみを対象とします。そして、人間の肉体を器官の集合体として捉え、病気の原因を特定の部位に求めて、その部分に直接作用する薬や外科的措置によって病気を治そうとするのです。

極端にいえば、技術者が機械の修理をするときに、機械を分解して壊れた部品を取り替えたり修理したりするのと、発想としてはそう変わりはないわけです。

こうした医学の考え方が、薬や医療技術を大きく進歩させ、無数の患者を救ってきたことは間違いありませんが、人間の体についてはまだまだ解明されていないことも多く、近代医学的な考え方では限界があることが明らかになってきています。

ここが使える

「健康」の概念が肉体に加えて心理・社会面も含むようになってきたように、医学のあり方も患者に対して全人的なアプローチを試みるように変わってきているのです。

また、心理的な要因が肉体的な疾患としてあらわれることは私たちも体験的によく知っていますが、そうした症状に対応するために、

ここが使える

「心身医学」（患者の肉体面だけでなく、心理・社会面も含めて、総合的に診ていこうとする医学）が近年急速に発達しています。

近年、バイオエシックスの原理が浸透し、「患者本位の医療」が唱えられるようになったのも、近代医学の限界が広く認識され、医学のあり方そのものについての考え方が変

わってきたことが大きいと言えるでしょう。

「代替医療」には賛否両論あり

疑似科学に対する批判が、しばしば話題になります。

ここが使える

疑似科学というのは、簡単にいえば、科学を装ったニセの科学のことです。同じような意味で、医学の分野で問題になるのが、いわゆる「代替医療」です。

ここが使える

現代の西洋医学では認められていない医療法を、まとめて「代替医療」と呼びます。漢方・鍼灸などの東洋医学、カイロプラクティック、ホメオパシーなどの多くの民間療法、さまざまな食事療法などが、「代替医療」に含まれます。

通常の医療で病気を治せなかった人が、わらにもすがる思いで最後に頼るものというイメージが強いですが、漢方や鍼灸などのように、民間では伝統的・日常的に使われつづけている医療法も少なくありません。とくに欧米では、西洋医学の限界が明らかになるにつれて、代替医療に対する関心が急速に高まり、積極的な研究対象となっています。

とはいえ、科学的に検証されていない療法も多く、危険な面も大きいので、現代医学にどこまで取り入れるべきか、慎重に見定める必要があります。

推薦図書

①高久史麿編『医の現在』岩波新書

現在の医学・医療をめぐるさまざまな問題について、網羅的に扱った本です。「先端医学の現段階」「医療と社会」の二部から成り、「先端医療」「医療の倫理」「看護のあり方」「病院のあり方」「高齢者の介護」といったテーマについても、この一冊で現状と問題点などをほぼ押さえることができます。

日本医学会が企画しただけあって、専門的な部分もありますが、最終章「医学の課題を考える」は対談形式で書かれていて、受験生にも読みやすく、わかりやすい一冊と言えるでしょう。

※関連テーマ「先端医療」「医療の倫理」「看護のあり方」「病院のあり方」「高齢者の介護」

②星野一正『医療の倫理』岩波新書

医療の倫理の基本的問題とその考え方がよく整理され、まとめられています。いままで、そしていまも問題にされているテーマについて、ほぼひととおり知ることができます。

書かれた時期が少し前なので、必ずしも現在の医療現場の実情に即しているわけではありません。また、たとえば再生医療の進化など、最新の医療技術にかかわる問題にも触れてはいません。

しかし、内容的にはバランスがとれていて、原則にかかわる部分については少しも古びてはいません。医療の倫理の基本は、これ一冊で学べるはずです。
※関連テーマ「医療の倫理」

③砂原茂一『医者と患者と病院と』岩波新書

いまはかなり改善されたとはいえ、いまだに残るかつての病院のあり方の反省の上に立ち、望ましい病院や医師と患者の関係を提案しています。

かつての病院は、医療者側の都合と合理性ばかりが目立ち、患者の視点が欠けていた点を問題視し、患者本位の医療を説いています。また、そのほかにも病院や医療に関するさまざまなテーマを取り扱っています。

この本を読めば、病院や医療の問題点を考える際、明確な視点が得られるでしょう。
※関連テーマ「医療の倫理」「病院のあり方」

④松原謙一『遺伝子とゲノム』岩波新書

ヒトゲノム解析がひととおり終了し、遺伝子研究も急速に進むいま、そもそも遺伝子研究とはどのようなものなのか、足元から見つめ直す必要があります。

この本は、ゲノム解析の第一線にいた著者が、遺伝子・ゲノム研究の医療への応用のみならず、生命とは何か、また人類の進化についてまで、その意味と方向性を語っています。

医療・看護系を志す人の中には、理系の文章が苦手な人もいるかもしれませんが、そんな人でも、この本なら読めるでしょう。

語り口は平易ながら、内容は高度なので、専門的な解説書を読むよりも役に立つはずです。

※関連テーマ「先端医療」

⑤増田れい子『看護　ベッドサイドの光景』岩波新書

看護の現場で働く人へのインタビューで構成された本です。現場で働く看護師の切実な問題意識を垣間見ることができます。

患者に人間として接するケアとはいかなるものか、身体のケアだけでない心のケアとは、ターミナル・ケアとはどういったものか、そういった看護の基本的姿勢が読み取れます。

論理的な解説書と異なるので、内容を要約して把握するのは難しいかもしれませんが、読みやすい一冊と言えるでしょう。

※関連テーマ「看護のあり方」「ターミナル・ケア」

⑥岡本祐三『高齢者医療と福祉』岩波新書

公的介護保険制度ができる前に書かれた本ですが、訪問介護など、いま浸透しつつあるような高齢者の介護と福祉のあり方を、いち早く実践してきた著者ならではの問題意識が読み取れる一冊です。

その問題意識は、高齢者の介護や高齢社会の現状に照らしてみると、いかに先を見通していたものかがわかります。この本を読めば、高齢者の医療と福祉の問題を考えるにあたって、また高齢社会の望ましいあり方について、正確な問題意識を得られるでしょう。
※関連テーマ「高齢者の介護」「ターミナル・ケア」

⑦くさか里樹『ヘルプマン！』講談社

2003年から、講談社発行の『イブニング』で連載されている漫画です。漫画といってもあなどってはいけません。介護士として働く主人公と主人公の周囲の人たちの物語を通して、高齢者介護のさまざまな問題点や深刻な現状がリアルに描かれています。単行本で10巻以上出ていますが、最新刊まで追っていけば、比較的最近の問題点も知ることができるはずです。介護の現場で働く人たちからの評価も高いので、余裕があれば読んでおくといいでしょう。
※関連テーマ「高齢者の介護」

⑧光野有次『バリアフリーをつくる』岩波新書

著者は長年バリアフリーのものづくり、街づくりにかかわってきた工業デザイナーです。「障害は社会環境がつくるもの」という理念の下、バリアフリーを実践するために、具体的に何を考え、どんなことをしてきたのか、豊富な事例を使ってやさしく説き明かしています。

ノーマライゼーションの意味と目的を実感としてつかみ、その実現のために何をすればいいのかを理解するのに、これ以上の本はないと言えるでしょう。
※関連テーマ「ノーマライゼーション」

⑨飯島裕一編著『健康不安社会を生きる』岩波新書

現代人は健康への意識が高まっている一方で、常に健康への不安につきまとわれています。そうした「健康不安社会」の中で、「健康とは何か」を改めて問い直す試みをしたのがこの本です。健康の定義や健康権の考え方、健康ブームの問題点だけでなく、近代医学が排除してきた民間療法の問題などにも切り込んでいます。

専門家へのインタビューをもとに書かれているので、読みやすくわかりやすく、「健康」をめぐるさまざまな問題を考えるのに最適の一冊でしょう。

※関連テーマ「健康」「科学」

⑩中村靖彦『食の世界にいま何がおきているか』岩波新書

近年、バイオテクノロジーなどの先端技術によって食の生産が行われるのが当たり前になってきました。それにより、現代人の食のあり方がどう変わっていくのかをレポートしたのがこの本です。BSEと遺伝子組み換え食品をめぐる食の安全の問題を中心に扱っていますが、健康食品ブームの問題点にも目を配っていて、この一冊で、現代の食の問題を一望できるようになっています。常識として、ぜひ知っておいてほしい内容です。

※関連テーマ「食事・栄養」「健康」

著者紹介

1951年大分県生まれ．早稲田大学第一文学部卒業後，立教大学大学院博士課程修了．

多摩大学教授．京都産業大学客員教授．小学生から社会人までを対象にした通信添削による作文・小論文の専門塾「白藍塾」塾長．

著書に250万部のベストセラーになった『頭がいい人，悪い人の話し方』（PHP 新書）のほか，『読むだけ小論文』（学研），『ぶっつけ小論文』（文英堂），『ホンモノの文章力』（集英社新書），『人の心を動かす文章術』（草思社），『笑えるクラシック』（幻冬舎新書），『頭がよくなるクラシック』（幻冬舎文庫），『ヴァーグナー　西洋近代の黄昏』（春秋社）など多数．

〈白藍塾問い合わせ先＆資料請求先〉
〒161-0033
東京都新宿区下落合1-5-18-208
白藍塾総合情報室（03-3369-1179）
http://www.hakuranjuku.co.jp
お電話での資料のお求めは
フリーダイヤル0120-890-195

小論文これだけ！医療・看護編

2010年11月 4 日　発行

著　者　樋口裕一《ひぐちゆういち》
発行者　柴生田晴四
発行所　〒103-8345 東京都中央区日本橋本石町 1-2-1　東洋経済新報社
電話　東洋経済コールセンター03(5605)7021
印刷・製本　東洋経済印刷

Printed in Japan　ISBN 978-4-492-04401-8　http://www.toyokeizai.net/